五十嵐 一博
Igarashi　Kazuhiro

中学校数学50の難所

プロ中のプロだけが知っている

ストンと落ちる教え方

明治図書

はじめに

　中学校で指導する内容は，学習指導要領の改訂ごとに少しずつ変わってきてはいますが，大きなところでの変化はありません。それだけ指導すべき内容が整い，成熟してきているといえます。今年度中にも示される予定の新しい学習指導要領でも，数学では指導する内容がそれほど大きく変わるということはないと思います。

　では，今までの指導方法がこの先10年も安泰かというと，そうではありません。同じ指導内容でも，成果を上げたり，生徒の理解度を高めたりするためには，まだまだ改善の余地があります。この指導方法の改善については，次期学習指導要領のキーワードでもある「アクティブ・ラーニング」を中心として，今後さらに話題になってくると思います。いわゆる流行の部分です。

　また，生徒にとって「難所」となっているところは，今も昔も変わりません。いわゆる不易の部分といってよいでしょう。

　例えば，数学の教師にとって，「作図する」というとき，定規やコンパスだけを使って図をかくことは当たり前です。しかし，小学校で三角定規や分度器なども使って図をかいてきた中学1年の生徒は，「なんで急に不自由なことをするんだ」と思うだけで，その真意はなかなか伝わりません。そこには「なんで」という**素朴なつぶやき**があります。

　また，正の数・負の数や平方根，関数などの新しい概念を指導すると，生徒は大きな抵抗感を覚え，教師からすると「そんなことは気にしないで，大きくとらえればよいのに」と思われることにまで神経をとがらせていることがよくあります。**新しい世界に入っていく不安感**がついて回るのです。

　それとは逆に，「平行四辺形の性質」と「四角形が平行四辺形になるための条件」は厳密に区別しなければならないのに，どちらも同じだと考えている生徒は少なくありません。他にも「2つの奇数の和が偶数になる」ということを説明する場面で，「なぜわざわざ m，n を整数として $2m+1$，$2n+1$ と表すのか。『2つの奇数の和』だから，$2n+1$ だけでよいのではないか」と考え，一つ一つを区別する必要性を理解できない生徒がいます。これは，**奥深い数学の一端に触れたときの戸惑い**ともいえるものです。

あるいは,「道のり・速さ・時間」の問題や,食塩水の問題を見たとたんに,すぐに「わからない」とさじを投げ,**あきらめ**をみせる生徒もいます。
　このような生徒の素朴なつぶやき,不安感,戸惑い,あきらめといった心の叫びを,私たち教師が機械的,あるいは断定的に扱ってしまうと,生徒はそれ以降そのことにこだわり続け,やがては数学嫌いになってしまう恐れがあります。ですから,生徒のもっている疑問に正しく向き合い,適切に対応したり,生徒自身に考えさせ,正しい判断ができるように横から支えてあげたりすることが大切です。しかし,その適切な対応とか,横から支えるといったことが案外難しいのです。

　そこで本書では,中学校数学の難所を一つ一つ拾い上げ,50に絞って解説することにしました。第2章の「中学校数学50の難所　ストンと落ちる教え方」です。
　ただし,ここで示した50がすべてというわけではありません。生徒はもっともっとたくさんの疑問をもっています。それらに対処すべき方向性を提案しようとしたのが,第1章「生徒の目線で授業づくりを見直してみよう」です。第2章で取り上げられなかった難所も,第1章に示した方向性で考えていけば,自ずと解決の道が開けてくると思います。ただ,具体例が少ししか示されていないので,つかみにくい部分もあるかもしれません。したがって,第1章と第2章を往復して読んでいただき,自分なりに生徒の疑問や心の叫びに対処できるようになっていただければと思っています。

　最後に,本書の企画の提案や内容について相談に乗っていただいた明治図書出版の矢口郁雄さんに感謝申し上げます。ご支援とご厚意がなければ本書は発刊されなかったものと思っております。ありがとうございました。

2016年8月

五十嵐一博

CONTENTS
もくじ

はじめに

第1章

生徒の目線で授業づくりを見直してみよう

❶ 生徒の目線に立った「指導方法」の見直し ………………… 10

❷ 生徒の目線に立った「数学的な見方・考え方」の見直し …… 12

❸ 生徒の目線に立った「指導内容」の見直し ………………… 14

第2章

中学校数学50の難所 ストンと落ちる教え方

■■■ **1年** ■■■■■■■■■■■■■■■■■■■■

01 「すう」なの？ 「かず」なの？ ……………………………… 16
   数と式　正の数・負の数

02 整数って0，1，2，3…じゃないの？ ……………………… 18
   数と式　正の数・負の数

03 3マイナス4？　3ひく4？ …………………………………… 20
   数と式　正の数・負の数

04 「マイナス×マイナス」はどうしてプラスになるの？ ………… 22
   数と式　正の数・負の数

05	$2a+3$ は式なの？ 答えなの？	26
	数と式　文字の式	

06	計算の答えは1つの値にならないの？	28
	数と式　文字の式	

07	方程式って「＝」で続けちゃいけないの？	30
	数と式　方程式	

08	過不足に関する文章題がわからない！	32
	数と式　方程式	

09	「道のり・速さ・時間」に関する文章題がわからない！	34
	数と式　方程式	

10	「関数」って何？	36
	関数　比例と反比例	

11	x が増えると y が減るのが反比例じゃないの？	38
	関数　比例と反比例	

12	なんでものさしや分度器を使ってはいけないの？	40
	図形　平面図形	

13	πって数なの？ 文字なの？	42
	図形　平面図形	

14	見取図がうまくかけない！	44
	図形　空間図形	

15	「ねじれの位置」ってどんな位置？	46
	図形　空間図形	

16	平均値だけで比べちゃいけないの？	48
	資料の活用　資料の活用	

2年

⑰ 分母をはらってはいけないの？ ……………………… 50
　　数と式　式の計算

⑱ 乗除の混じった計算ができない！ ……………………… 52
　　数と式　式の計算

⑲ 2けたの整数は ab じゃないの？ ……………………… 54
　　数と式　式の計算

⑳ なんで奇数は $2n+1$ なの？ ……………………… 56
　　数と式　式の計算

㉑ なんで2つの数を違う文字で表すの？ ……………………… 58
　　数と式　式の計算

㉒ 食塩水の濃度に関する問題がわからない！ ……………………… 60
　　数と式　連立方程式

㉓ 異なる単位の数量を求める速さの問題がわからない！ ……………………… 62
　　数と式　連立方程式

㉔ 「変化の割合」って何の割合なの？ ……………………… 64
　　関数　一次関数

㉕ 一次関数のグラフを利用した問題がわからない！ ……………………… 66
　　関数　一次関数

㉖ 「平行線の性質」と「平行線になる条件」ってどう違うの？ ……………………… 70
　　図形　図形の調べ方

㉗ なんで「三角形の内角の和は180°」を証明するの？ ……………………… 72
　　図形　図形の調べ方

㉘ 合同条件を使った証明の進め方がわからない！ ……………… 74
　　図形　図形の調べ方

㉙ 問題の図は代表の図？ ……………………………………………… 78
　　図形　図形の調べ方

㉚ 二等辺三角形の性質の証明，どこがいけないの？ ……………… 80
　　図形　図形の性質と証明

㉛ 平行四辺形の性質を使ってかいた図，どこがいけないの？ …… 82
　　図形　図形の性質と証明

㉜ 「長方形はすべて平行四辺形である」って，何が言いたいの？ … 84
　　図形　図形の性質と証明

㉝ 「同様に確からしい」ってどういうこと？ ………………………… 86
　　資料の活用　確率

3年

㉞ どうやって計算方法を説明すればいいの？ ……………………… 88
　　数と式　多項式

㉟ 無理数ってどんな数なの？ ………………………………………… 92
　　数と式　平方根

㊱ $\sqrt{2}+\sqrt{3}$って，これ以上計算できないの？ ……………………… 96
　　数と式　平方根

㊲ なぜ解が問題の条件に合うか確かめないといけないの？ …… 98
　　数と式　二次方程式

㊳ 動点と面積の問題がわからない！ ……………………………… 100
　　数と式　二次方程式

- ㊴ 関数 $y = ax^2$ と一次関数の「変化の割合」は意味が違うの？ ……… 102
  - 関数　関数 $y = ax^2$

- ㊵ 関数 $y = ax^2$ の変域に関する問題がわからない！ ……… 104
  - 関数　関数 $y = ax^2$

- ㊶ 対応する辺がわからない！ ……… 106
  - 図形　図形と相似

- ㊷ 平行線はどこにあるの？ ……… 108
  - 図形　図形と相似

- ㊸ 線分の比と平行線の性質をちゃんと証明しないの？ ……… 112
  - 図形　図形と相似

- ㊹ 中点連結定理の問題がわからない！ ……… 114
  - 図形　図形と相似

- ㊺ 証明の場合分けができない！ ……… 116
  - 図形　円の性質

- ㊻ 円周角の定理の「逆」ってどういうこと？ ……… 120
  - 図形　円の性質

- ㊼ 円の接線って，定規をずらしていってひいちゃダメなの？ ……… 122
  - 図形　円の性質

- ㊽ 「逆」の証明がなんだかスッキリしない… ……… 124
  - 図形　三平方の定理

- ㊾ 2点間の距離の問題がわからない！ ……… 128
  - 図形　三平方の定理

- ㊿ 正四角錐の体積の求め方がわからない！ ……… 130
  - 図形　三平方の定理

第1章

生徒の目線で授業づくりを見直してみよう

❶ 生徒の目線に立った「指導方法」の見直し

> **問題** 3，4，5のように連続する3つの整数の和を求めなさい。
> それらの和には，どのような共通する性質があるか話し合ってみましょう。

1 話し合い活動と，言語活動の充実・アクティブ・ラーニング

　上に示した問題は，話し合い活動を促すもので，最近の教科書によくみられます。

　これまで多くみられた問題の提示の仕方は，「…には，どのような性質がありますか」であり，個人で取り組み，その後教師が「この問題ができた人？」と質問して，手があがった生徒を指名し，答えてもらう，というパターンでした。つまり，教科書は数学の内容のみを記述すればよかったわけで，指導方法まで書くことはなかったのです。

　話し合い活動が問題文にまで入ってきたのは，「言語活動の充実」の一環であるとみてよいでしょう。また，昨今の「アクティブ・ラーニング」の流れに沿ったものの1つともいえるでしょう。

　しかし，このような新しい言葉を用いなくとも，以前から話し合い活動を取り入れて授業を進めている先生は結構いました。そこには，生徒の学習の理解度を高めるため，そして主体的学習を促すための指導方法が含まれていることを知っていたからです。それを若い先生方にも大いに活用してもらおうと，あえて教科書にも記述するようになってきたわけです。

2 話し合い活動で,主体的な学習態度が身につく

　冒頭の問題では,いくつかの解答が考えられます。
A…連続する3つの整数の和は3の倍数である。
B…連続する3つの整数の和は真ん中の数の3倍である。
　一方,偶然にも奇数から始まる連続3整数ばかりを調べた生徒は,
C…連続する3つの整数の和は6の倍数である。
と考えてしまいます。
　こんなとき,教師主導の授業では,Cの予想に対して,教師から正しい説明をしたり,あるいは異議のある生徒に例外を指摘させたりして,AやBの予想が正しいことの説明に移っていくでしょう。
　しかし,話し合い活動を取り入れた授業では,次のような効果が見込まれます。

- 様々な意見を出し合いながら議論し,その上で正しい判断に迫っていくことで,先生の説明を聞くだけの学習より理解が広がり,深まる。
- 話し合い活動の中で,生徒自身が「そうか,わかった」と気づくと,教師から「こうなんだ」と説明されるよりも,納得しやすい。
- 生徒どうしなら気軽に質問し合うこともできるので,Cのように教師にとっては想定外の予想も,話し合いの中で自然に議論できる。
- 話し合うことによって,AとBとの関連についても見つけ出すことができる。

　このように,話し合い活動は,能動的学習,あるいは主体的学習を促す方法であるということができます。
　第2章では,話し合い活動の他にも,生徒の目線に立って指導方法を見直していきます。

❷生徒の目線に立った「数学的な見方・考え方」の見直し

> 2けたの正の整数と,その数の十の位の数と,一の位の数を入れかえてできる数との差は,9の倍数になります。その理由を,文字式を使って説明しなさい。

1 自分でつくり出した問題は意欲的に解こうとする

　冒頭の問題は,2年の式の計算の利用題としてよく扱われます。教科書では,このような問題を例題として,模範解答を載せ,どのように解いたらよいかまとめています。そしてその後,似た問題を出題して,適用問題としているパターンが多くみられます。

　しかし,そのような問題は,「条件がえをする」という数学的な見方・考え方を用いることで,生徒自身につくり出させることが可能なのです。

　最初のうちは,「問題の『差』の部分を『和』にかえると,どんなことがいえますか」と,教師が発問してもよいでしょう。しかし,「条件がえをする」ことに慣れてくると,生徒は自分から挑戦するようになっていきます。例えば,「2けたの正の整数」の部分を「3けたの正の整数」にかえる生徒が出てくるのです。すばらしいことではありませんか。

　そして,自分でつくり出した問題を解く意欲は,教科書や教師から与えられた問題よりも,ずっと高いものになります。

2 生徒の目線で数学的な見方・考え方を扱う

　数学教育の本を見ると，「一般化する」「特殊化する」「分化する」「統合する」「帰納的に考える」「演繹的に考える」…など，様々な数学的な見方・考え方が出ています。

　しかし，中には中学3年間の数学の学習の中で，1，2回しか出てこないようなものもあります。これらは，あくまで数学教育の専門家の目線で示したものであって，生徒の目線で扱われたものではないからです。この点を踏まえて，生徒目線で数学的な見方・考え方をとらえ直してみると，例えば，「一般化する」も「特殊化する」も「条件がえをする」としてまとめた方が，中学生にとって繰り返し扱うことができることになります。

　中学校の数学では，このほかに「逆向きにみる」「分類整理をする」「同じように考える」「すでに学んだ形にする」「範囲を広げる」などの数学的な見方・考え方を扱う場面が多くあります。

　「逆向きにみる」という数学的な見方・考え方は，「AからBがいえる」という方向で考えていたときに，「今度は『BからAがいえる』だろうか」と考えることです。例えば，一次関数の式からグラフをかくことを学習した後に，「逆向きにみる」ことができると，生徒自身が次に学習すべきことを見つけ出すことができます。つまり，「今度は，直線でかかれたグラフから一次関数の式を求めることができるだろうか」と考えるということです。また，作図の問題では，「かけたとすると」と結論から逆向きに考えていくことで，問題を解決するヒントが得られます。

　このように生徒の目線で考えると，「数学的な見方・考え方」は問題解決でも問題設定でも使うことが可能です。

　第2章では，指導方法などを示すにあたって，生徒の目線に立った数学的な見方・考え方の扱いを重視しています。

❸生徒の目線に立った「指導内容」の見直し

> **問題** 次の数を，$\sqrt{}$ を使わないで表しなさい。
> ❶ $\sqrt{9}$　❷ $\sqrt{(-3)^2}$　❸ $-\sqrt{3^2}$

概念を育てることには時間がかかってもよい

　上の問題は，平方根の根号の意味を理解しているかどうかを評価しようとするものです。

　しかし，平方根の意味について学習した3年生に冒頭の問題を出題すると，「今日はできたとしても，後日できなくなっている」ということがよく見受けられます。これは，平方根という概念を学んだからといって，それがすぐに定着するとは限らないからです。

　概念を獲得することには時間がかかります。関数や変化の割合などの概念もなかなか理解しにくいものです。したがって，全員が定着するまでその内容を繰り返し指導するというよりも，ある程度進んでからもう一度振り返って指導する方が効果的なのです。

　似たようなことは，正の数・負の数の計算の習熟についてもいえます。「確実にできるまで指導しようと必死になるあまり，夏休み前になってようやく文字の式の単元に入った」といったことが，若い先生の指導にときどき見受けられます。正の数・負の数の計算は，文字の式の単元でも，方程式の単元でも出てきます。ですから，「ある程度の内容を理解していれば先に進んでよい」くらいに考え，大きく構えて指導していくことが大切です。

　このように，第2章では生徒の目線に立って指導内容を見直していきます。

第2章

中学校数学50の難所 ストンと落ちる教え方

01 数と式 正の数・負の数

「すう」なの？
「かず」なの？

質問 数学では，「数」という字の読み方は「すう」でしょうか。それとも「かず」でしょうか。

　例えば，「場合の数」というときは「場合のかず」と読みます。一方，高校数学の単元「数と式」などでは，「すうと式」と読みます。これらはどんなきまりで「すう」といったり，「かず」といったりしているのでしょうか。

「かず」は「すう」の一部分に含まれる概念

　『広辞苑』（第6版）によれば，「かず」は1つ2つ…のように，ものを一つ一つ数えて得られる値，つまり「自然数」として扱う場合に多く使われるようです。つまり，ものの個数を表す集合数と，物の順序を数えたり，回数を表したりするときに使う順序数を意味していることがわかります。また，日常生活に密着した言葉ともいえます。
　それに対して，「すう」は，「かず」の概念を抽象的概念に拡張したものとして使われる場合が多くみられます。つまり多くの場合，先に述べた自然数を指す「かず」を含み，整数，有理数，複素数，それらを含めた実数等，及びそれらの性質にかかわる事柄を含めて「すう」と呼ぶのです。
　集合で表すならば，「すう」の概念の中に「かず」の概念が含まれているといってよいと思います。
　また例外的な使い方として，「数個」「数日前」のように，2，3から多く

とも5，6程度といった少ない数（英語で「a few」にあたる言葉）を表すこともあります。

　これらの分け方は，あくまで一般的なものを意味しているものであって，数に関する全ての事柄がこれらにあてはまるとは限りません。
　例えば，「正の数」を何と読むでしょうか。多くの数学教師は「正のすう」と読んでいると思います。ただ，私の身の回りでも「正のかず」と読んでいる人がいます。その人たちは何の疑問ももっていません。どうやら生まれ育った環境が大きくその読み方を左右しているようです。
　また，学習している児童や生徒の学年が上がるにつれて，「かず」から「すう」へと読み方が変わってくる用語もあります。例えば，先ほどの「数と式」では「すうと式」と読みましたが，小学校の領域の1つ，「数と計算」では「かずと計算」と読んでいる教師が多いのではないでしょうか。これは，**小学校低学年では自然数を数の対象としていることが大きな原因**になっています。
　また，自然数ではなく有理数を扱う内容であっても「34.56という数について答えましょう」というときは「かずについて」と読むでしょう。しかし，高学年担当の先生の中には「すうについて」と読む先生がいるかもしれません。これは，習慣や内容に影響を受けている部分が多分にありそうです。

　習慣が読み方を変えている例としては，助数詞の呼称「本」もあります。
　　1本，2本，3本，4本，5本，6本，7本，8本，9本，10本
　これらを何と読んでいるでしょうか。多くの日本人は「いっ**ぽん**」，「に**ほん**」，「さん**ぼん**」，「よん**ほん**」，「ご**ほん**」，「ろっ**ぽん**」，「なな**ほん**」，「はっ**ぽん**」，「きゅう**ほん**」，「じっ**ぽん**」と読んでいます。この読み方は外国人が日本語を勉強するときに悩ましい言葉のきまりの1つなのだそうです。
　ちなみに，「10本」は「じゅっぽん」ではなくて，「じっぽん」が正しい読み方です。日本語って難しいですね。

02

数と式 | 正の数・負の数

整数って
0，1，2，3…
じゃないの？

> **教科書** これまでは，数といえば，正の数と0をさしていましたが，これからは，負の数もふくめて考えることにします。
> 例えば，整数といえば，正の数，0，負の数があります。
>
> 整数
> ……，−3，−2，−1，0，1，2，3，……
> 負の整数　　　　　　　正の整数

　中学校の数学の範囲だけで考えている教師には気がつきにくいことですが，教科書を見ても，先生に説明されても，戸惑ってしまう生徒がいます。

> 0，1，2，3，……のような数を整数といいます。

　この説明は，小学3年で扱われているものです。
　小数を学習するときに，あわせて整数についても学習しているのです。数と計算の領域では，小学2年で，$\frac{1}{2}$や$\frac{1}{4}$といった簡単な分数を学習しますが，それ以外はすべて整数について学習しています。そして新しい数，小数を学ぶ導入として次のような方法をとることが多くみられます。
　「太郎さんが水筒に水がどれだけ入るか調べたところ，2Lとあと少しだけ，つまり2Lとはした（端）の水が残った」という場面で，このはしたの

大きさを表すにはどのようにしたらよいかを考えようというのです。

　これによって，小数の必要性がわかり，それと対比する形で，今まで学習してきた数を整数と呼ぶことになります。そこから小学6年まで，0，1，2，3，……のような数を整数と理解してきたわけです。

　3年以上も同じ概念で整数をとらえていたのに，それが変わってしまうのですから，生徒が戸惑うのも無理はありません。

「拡張していく」という考え方をもつ

　正の数・負の数の導入では，すべての教科書が「0度より低い気温」を扱い，マイナスという言葉，読み方，意味について指導しています。そして，数を負の数にまで拡張すると，整数の意味もこれまでとは変わってきます。つまり，これまでの整数に負の整数が加わり，整数とは，「正の整数」「0」「負の整数」を合わせたものとなり，整数の概念が拡張されるわけです。

　このように数を「拡張していく」という考え方を強調して指導することは重要で，**この考え方は，3年で無理数について指導する（数を無理数まで拡張する）ときに有効に働きます**。

　それにしても，「はした」という言葉は，中学校数学ではまったく使わないどころか，日常生活でもほとんど使わない言葉だと思います。辞書で調べてみても，端を「はした」と読ませるのは常用漢字表外の読み方になっています。

　同様に，「ともなって変わる数」「変化の割合」など，算数や数学の世界だけで使われ，日常生活ではほとんど使われないという言葉は少なくありません。もちろん算数・数学の世界では大切な言葉ですが，**一種独特の言葉づかいが，生徒に算数や数学の敷居の高さを感じさせていることもある**のではないでしょうか。これから先，若い先生方が，より気の利いた言葉に置き換えて指導していくことを期待したいと思います。

03 数と式 正の数・負の数

3マイナス4？
3ひく4？

> **教科書** 加法だけの式，例えば，(＋3)＋(－4)＋(－2) は，下のように，加法の記号＋と（ ）を省いた式で表すことがあります。
> (＋3)＋(－4)＋(－2)＝3－4－2
> また，式の最初の項が正の数のときは，正の符号＋を省いて表すこともあります。このことから，3－4－2は，
> 3，－4，－2の和とみることができます。

　上は，加法と減法が混じった式を，加法だけの式に直した場面と，その見方について説明している場面です。ここで着目したいのは，加法の記号＋と，正の符号＋について書かれているのですが，読み方については触れられていないことです。

　つまり，小学校から使ってきた読み方で考えると，「3－4－2」は「3ひく4ひく2」と読むことができますが，3，－4，－2の和と見ているときには，「3マイナス4マイナス2」と読むことができます。また，大人の中には，「3マイナス4マイナス2」と読みながらも「3ひく4ひく2」と考えている人もいます。

　これでは，生徒はどのように読んだらよいのか混乱してしまいます。

「＋」「－」には演算記号と符号の両方の意味がある

　英語の辞書を見ると，plus, minus という単語には，「1．〜を加えるこ

と。2．正数の符号」，「1．〜をひくこと。2．負数の符号」ということがそれぞれ書かれています。このことから，加減する操作（計算）の記号と，正の数・負の数を表している符号の両方の意味をもっていることがわかります。したがって，演算記号としても符号としてもどちらの場合でも，「プラス」「マイナス」といって問題ないことになります。

　しかし，日本語の「たす」「ひく」という言葉には，小学1年で習うように，「合併する，増加する」「残りを求める，違いを求める」などのように，操作の意味しかありません。そのために，正の数，負の数の意味を表す「＋」「－」は符号として考え，「たす」「ひく」ではなく「プラス」「マイナス」というしかないのです。

演算記号と符号を区別する

　日本語を意識するときには「＋」「－」を，演算記号のとき「たす」「ひく」と読み，符号としては「プラス」「マイナス」と読むことになります。しかし，先ほど書いたように，符号や記号をすべて「プラス」「マイナス」と読むという人がいます。これは，「プラス」「マイナス」と読んでいても，文脈から演算記号としての「＋」「－」なのか，符号としての「＋」「－」なのかがわかるからです。

　では，正負の数を生徒に指導するとき，「＋」を「たす」といおうが，「プラス」といおうがどちらでも構わないのでしょうか。いいえ，そうではありません。**与えられた式の中で，「＋」「－」がどのような役割をもっているのかによって，「たす」「プラス」や「ひく」「マイナス」を区別して指導すべきです。**

　3＋（－4）のときに「3たすマイナス4」と読めば，「3にマイナス4を加える」ということになりますが，「3プラスマイナス4」と読んでしまうと，特に，理解が不十分な生徒は混乱してしまうでしょう。

　正負の数の指導の際，教師が生徒目線で意識していきたい部分です。

04

  数と式　正の数・負の数

「マイナス×マイナス」はどうしてプラスになるの？

> **教科書** 　**正の数・負の数の乗法**
> 1　同符号の2数の積は，絶対値の積に正の符号をつける。
> 2　異符号の2数の積は，絶対値の積に負の符号をつける。

　大人になっても，「どのように計算すればよいかはわかるけど，理由がうまく言えない」という計算はいくつかあります。

　その代表的な例が，小学校で学習する分数のわり算の「わる数の分母と分子をひっくり返してかける」と，中学校の正負の数のかけ算の「マイナス×マイナスはプラスになる」です。

　ここでは，後者の指導について考えることにします。

まずは自分で考える

　「マイナス×マイナス」がどうしてプラスになるかは，先生が工夫し，様々な方法で説明することが多いと思います。生徒はそれを聞いて学習するわけですが，主体的な学びを促すために，もうひと工夫したいところです。

　そこで，まずは「『マイナス×マイナス』はどうしてプラスになるのか」について，生徒個々に考えさせます。**おおよその筋が通っているものは，まずそれを認め，補強すべきところを教師が補ってやればよいのです。**

　そして，それらの中で考え方の種類の異なるものについて発表させていきます。説明の後，質問や意見を述べる時間も設けます。中学校に入って間も

ないこの時期に，建設的な質問や意見を述べるよう繰り返し指導し，質問や意見を言える雰囲気づくりを行っておくとよいでしょう。

そのうえで，生徒個々での振り返りの時間を設け，どの考え方，方法が自分にとってわかりやすいのか，使いやすいのかを考えさせます。教師からただ１つの考え方を説明されるより，いくつかある中から，自分が一番納得できる考え方を見つける方が，記憶にはずっと留まりやすいはずです。

しかし，数学が苦手な生徒もいるので，**教師がおすすめの考え方もきちんと指導しておくべき**です。

このように指導を展開すると，多少時間をとられるかもしれませんが，「数学は自分でもつくり上げていくことができるのだ」という思いも育ちます。

では，どのような考え方が出てくるでしょうか。典型例を紹介します。

拡張し，同じように考える

小学校で学んだかけ算を規則的に並べ，帰納的に考えることによってかけ算の範囲を負の数にまで拡張していきます。

$3×3=9$から，かけられる数を１ずつ減らしていくと，３ずつ減り，これを負の数まで拡張します。これによって，負の数×正の数の計算ができることになります。

$$3×3=9$$
$$2×3=6$$
$$1×3=3$$
$$0×3=0$$
$$(-1)×3=$$
$$(-2)×3=$$

次に，正の数×負の数の計算です。ここで，今かけ算を負の数まで拡張してきた考え方と「同じように考える」ことで，今度は$3×3=9$からかける数を１ずつ減らしていくと，やはり３ずつ減り，これを負の数まで拡張します。これによって，正の数×負の数の計算ができることになります。

残ったのは，負の数×負の数です。もう３回目なので，「同じように考える」ことも自然にできるようになります。もし，教師が順序よく指導してい

たとしても，ここだけは生徒に任せて計算の拡張をさせてみるべきです。この「同じように考える」という考え方は，これからも数多く使われることを強調するとよいでしょう。

この展開の方法は厳密な理論に基づくものではありませんが，**小学校までの知識で考える範囲を拡張し，具体的な場面を通して生徒が自然に受け入れることができればよいでしょう。**

歩いた時間と今いる位置を利用する

東西に通じる道路を歩いている状況を思い浮かべます。

東への移動を正の数，西への移動を負の数で表すことと，東に向かって毎時4kmで歩くことを毎時＋4kmと表し，西に向かって毎時4kmで歩くことを毎時－4kmと表すことにします。

まず，東に向かって毎時4kmで歩いているとき，1時間後，2時間後にはどこにいるか考えます。

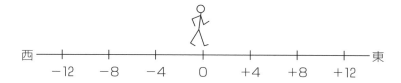

毎時4kmで東に向かって歩いた1時間後は，$(+4)×(+1)=+4$
毎時4kmで東に向かって歩いた2時間後は，$(+4)×(+2)=+8$
逆に，1時間前，2時間前にどこにいたのか考えると，
毎時4kmで東に向かって歩いた1時間前は，$(+4)×(-1)=-4$
毎時4kmで東に向かって歩いた2時間前は，$(+4)×(-2)=-8$
となります。つまり，正の数×負の数＝負の数となることがわかります。

次に負の数×正の数となる場面を考えさせ，その発展として，同じように

考えて，負の数×負の数の計算に取り組んでいきます。

　マイナスの時速を考えるのですから，西に向かって毎時4kmで歩いているとき，1時間後，2時間後にはどこにいるか考えます。

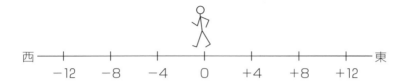

　そしてさらに1時間前，2時間前にはどこにいたのかを考えるのです。

　こうすることによって，(−4)×(−2)＝＋8を導き出すことができます。

　この場合にも，帰納的な考え方をさせていくとよいでしょう。毎時4kmで西に向かって歩いた2時間後はどこにいるか考え，それを基に順序よく時間数を減らして，

　　毎時4kmで西に向かって歩いた2時間後は，(−4)×(＋2)＝−8
　　毎時4kmで西に向かって歩いた1時間後は，(−4)×(＋1)＝−4
　　毎時4kmで西に向かって歩いた0時間後は，(−4)× 0 ＝ 0
　　毎時4kmで西に向かって歩いた1時間前は，(−4)×(−1)＝＋4
　　毎時4kmで西に向かって歩いた2時間前は，(−4)×(−2)＝＋8

のように，規則正しく時間をさかのぼっていくことで，当初の目的を達成することができます。

　この方法の難点は，**向きが逆になったときに，負の速さを「毎時−4km」とするところがなかなか理解できない生徒がいる**ことです。

　上に示した2つの方法でも，他の方法でも，生徒なりの納得をともなって受け入れられることが何より大切です。また，生徒が考え出したことをできるだけ生かし，理屈が通るように手助けすることで，生徒の記憶の中により強く残ります。**論理的に多少の難があっても，数学をつくり出していくという経験は，この時期の生徒にとって大変重要**なものです。

05

 数と式　文字の式

$2a+3$は
式なの？　答えなの？

> **問題**　1個 x 円のリンゴを5個買い，1000円札を出したときのおつりはいくらですか。文字を用いて表しなさい。

　上の問題は文字式を学習していく初期段階でよくみられる問題で，買い物の場面を想定したものです。

　この問題でよくみられる生徒の誤答として，「y（円）」という解答があります。問題には y という文字は入っていないのですが，悩んだ末，生徒が自分で勝手に使ってしまうのです。

　この問題の正解は，「$1000-x\times 5$（円）」です。文字式の表し方のきまりを学んだ後であれば，「$1000-5x$（円）」となります。

　ところが，文字式の学習経験をまだ十分に積んでいない生徒にとって，これはまだ（途中の）「式」であって「答え」ではないのです。小学校の学習及び中学校の正負の数の計算を学んだ段階では，答えはいつでも1つの数になっていたからです。

　例えば，1個120円のリンゴを5個買い，1000円札で支払ったときのおつりは，

　式……$1000-120\times 5$

　答え…400（円）

でした。

　つまり，最終的に400（円）という1つの数を求めています。

　また，小学6年で文字と式について学んでいますが，その主な内容には，

次のような，数量の関係を式に表すことと，式の読み方があります。

> ❶太郎さんは，同じ値段の鉛筆を7本買います。鉛筆1本の値段をx円，7本の代金をy円としてxとyの関係を式に表しましょう。
>
> ❷文具店に，ノート1冊120円と，消しゴム1個50円と，気に入った鉛筆がありました。鉛筆の値段をx円としたとき，次の式が何を表しているか考えましょう。
> $$x×5+50$$

いずれも，「式に表しましょう」「式が何を表しているか考えましょう」のように，「式」について問うており，例えば，❷で「鉛筆5本と消しゴム1個買ったときの代金はいくらになるでしょう」のように「答え」としての見方に触れるような機会はあまりないのです。

このような経験を踏まえてとらえると，冒頭の問題で，「$1000-x×5$（円）」を，まだ（途中の）「式」であるととらえてしまう感覚も理解できます。

相手が理解できないことで間違いに気づく

生徒の認識が曖昧になっている「『式』が『答え』」という部分について，一度考える場面を用意することが効果的です。

「$1000-x×5$（円）」が（途中の）「式」であり，これを表すのにy（円）としたら，**他の人がどんな内容かわからないことに生徒どうしの話し合いで気づかせる**のです。多くの時間は必要ないので，話し合いを通して「$1000-x×5$（円）」は「式」であると同時に「答え」であることを押さえます。

ここでは，「相手が理解できないことで間違いに気づかせる」というプロセスが大事なので，同様のことを教師が一方的に説明するような指導は避けたいところです。

06 数と式 — 文字の式

計算の答えは1つの値にならないの？

問題 次の計算をしなさい。
❶ $5a-3a$
❷ $4a+5$

❶を以下のように考え，計算する生徒がいます。

数の部分を計算して5−3=2
→文字の部分を計算して（文字 a から a をとって）0
→だから，答えは2

また❷は，このままの式で計算を求めさせることはありませんが，計算途中で$4a+5$となる場面は出てきます。この場面で，次のように計算する生徒がいます。

$4a+5$の数の部分を計算して9
→文字の部分を計算（といっても1つしかないのでそのまま）して a
→だから，答えは$9a$

どちらの計算も，生徒が答えを1つの値（単項式）にしようとこだわった結果とみることができます。前項でも述べたように，「1つの値にならないと答えではない」と思ってしまう生徒がいるのです。

身近な場面をつくり，具体的な数で確かめる

　生徒にとっては，文字式そのものが抽象的な存在です。そこで，身近な場面をつくらせ，そこで得られた式を具体的な数で確かめるのです。

　ただし，身近な場面をつくること自体がそれほど簡単ではないということに注意が必要です。「1個 a 円のりんご2個と，1個 b 円のみかん3個を買ったときの代金」といわれれば，$2a+3b$（円）と答えることができる生徒でも，「$2a+3b$ となるような場面をつくりなさい」という問題，つまり式の意味がわかっているかどうかをみる問題には戸惑うことが少なくありません。

　先の $4a+5$ の話に戻りましょう。$4a+5$ となる場面として以下のようなものが考えられます。

> 1枚4gの便箋 a 枚と5gの封筒1枚を合わせた重さ

　このような場面をつくり出すことができた時点で，自分のつまずきを解決することができる生徒が出てきます。これでも困難な場合，「便箋2枚では何g？」「3枚では…？」と**具体的に考えさせていき，その代表として $4a+5$ を取り扱う**のです。

　そして，$9a$ などの典型的な誤答に，具体的な数値を代入して答えの妥当性を確認させます。教師が説明するのではなく，生徒が自分で確認して自覚することが大切です。

　このとき，**単位を意識して式をつくることを強調する**とよいでしょう。長さや重さ，時間などは小学校から慣れ親しんでいますが，文字式の学習になると，現実から離れてしまいがちだからです。

　また，単位の換算は教師が思う以上に苦手としている生徒が多くいます。このことに対しても注意を払っておくべきでしょう。

07 数と式 / 方程式

方程式って「＝」で続けちゃいけないの？

問題 次の方程式を解きなさい。
$4x-9=3(x-5)$

解答 $4x=3(x-5)+9=3x-15+9=3x-6$
$4x-3x=-6$
$x=-6$

これは、ある生徒が方程式を解いたノートです。解答の1行目で9を移項したところまでは問題ありません。しかしその右の「＝」で結んだ2つの式は、通常の方程式を解くときの式変形とは異なっています。

しかし、生徒は真顔で「どうして、小学校のように方程式は『＝』で続けちゃいけないの？」と質問してくるのです。

「＝」の役割は2つあることを意識する

上の解答の最初の行の式は、生徒が行っているように小学校までの名残です。小学4年の教科書を見ると、計算の工夫として右のような式が出ています。

$63+52+48=63+(52+48)$
$=63+100$
$=163$

これは、左側の式を変形して右側の式になることを順に示しています。数学教育の現代化が叫ばれていたころは、ア

メリカの教育が日本にも入ってきて、右側の式にすることを「rename」、つまり値は変わっていないから、名前の付け替えをしているのだ、といっていたことがあります。

つまり、式変形であって、「＝」で結ばれた等式ではありません。

等式は中学1年の文字式の学習ではじめて扱われます。教科書では「等式とは、左辺と右辺の2つの数量が等しいことを表した式である」と説明し、方程式につなげています。いいかえると、ここでの「＝」は、**「左側の式を変形すると右側の式になる」**ことを表しているのではなく、**「左側の式と右側の式が等しい」**ということを表していることになります。冒頭の解答には、この2つの事柄が混じっているのです。

ここでは、書いている式をただ否定するのではなく、等号「＝」には2つの意味があることをていねいに知らせていく機会としてとらえるとよいでしょう。そのとき、右のように表すと、1行1行からどのようにして式が変わってきているかがわかることも知らせるとよいでしょう。

$$4x-9=3(x-5)$$
$$4x=3(x-5)+9$$
$$4x=3x-15+9$$
$$4x=3x-6$$
$$4x-3x=-6$$
$$x=-6$$

2種類の等式

このときに、等式には「恒等式」と「方程式」の2つがあることを知らせるのもよいでしょう。**言葉はともかく、「＝」の性質として2種類あることを知らせる**のです。恒等式は、$(a+b)+c=a+(b+c)$ のように、等しい関係が文字の値にかかわらず常に成り立つ式をいいます。公式と呼ばれるものは恒等式です。それに対して方程式は、まだわかっていない数を表す文字（未知数）を含む等式ということができます。別な見方をすると、式の中に代入する値によって、成り立ったり、成り立たなかったりする等式といえます。教科書によって扱いが違うので、調べてみるとおもしろいところです。

08

数と式 / 方程式

過不足に関する
文章題がわからない！

> **問題** 何人かの生徒に，折り紙を配ります。
> 1人に5枚ずつ配ろうとすると10枚余り，7枚ずつ配ろうとすると18枚たりません。
> 生徒の人数は何人でしょうか。

　これは，枚数の過不足に関する問題です。この問題を解いている生徒にとってわかりにくいところは，**方程式をつくるうえで必要な等しい数量の関係が直接には見えてこない**ことです。求めたい生徒の人数の他に折り紙の枚数もわかっていません。そのために，どのように解いたらよいか迷ってしまうのです。

　また，多くの生徒がもう1つ迷ってしまうことがあります。「10枚余る」や「18枚たりない」といった状況を式に表すとき，＋にしたらよいのか，－にしたらよいのかがわからなくなってしまうのです。

1つの数量が決まると，それにしたがって他の量も決まる

　問題文を読むと，1人に配る枚数を変えることによって折り紙が余ったり，たりなくなったりしますが，生徒の人数と折り紙の総数は変わっていないことがわかります。この変わらない1つの数量を2通りの方法で表すことができれば，数量を等号で結ぶことができます。

　今，求めたい数量は生徒の人数ですから，これを x 人と決めると2通り

の折り紙の分け方から，折り紙の枚数を次の２通りの式で表せることに気づかせます。

　折り紙の枚数＝$5x+10$

　折り紙の枚数＝$7x-18$

　ここで，折り紙の枚数は同じであることから，次の方程式が得られることになります。

　$5x+10=7x-18$

　ところで，数量が変わらないものとして折り紙の枚数がありました。これを a 枚とすると，生徒の人数は２通りの式で表せるので，別な方程式をつくって問題を解決することもできます。時間があるときに生徒にチャレンジさせてみるのもよいでしょう。

過不足の状況を図に表してから式をつくる

　「余る」「たりない」という言葉から，＋にするのか，－にするのかわからなくなる生徒がいますが，そういった生徒には，次のような**図をかかせたり，実際の場面を演じさせたりしてみると，理解が進みます。**

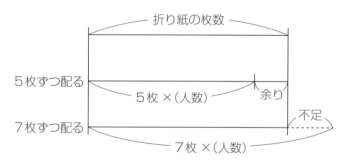

　このような過不足に関する問題は，２年で連立方程式を学習すると，意外と簡単に解くことができるようになります。そこで，２年の連立方程式の学習がひと通り終わった段階で，もう一度一次方程式で解いてみることに挑戦させてみるのもよいでしょう。

09

数と式　方程式

「道のり・速さ・時間」に関する文章題がわからない！

問題 弟は家を出発して駅に向かいました。それから5分後に，兄は弟の忘れ物に気づき，自転車で同じ道を追いかけました。
弟は分速80m，兄は分速180mで進むものとすると，兄は出発してから何分後に弟に追いつくでしょうか。

これは，「道のり・速さ・時間」に関する問題です。「道のり・速さ・時間」に関する問題に苦手意識をもっている生徒が多いので，少しでも苦手意識をなくす工夫をしていきたいものです。

公式を確実に思い出す

❶実体験から思い出す

生徒にとって，**実際に体験していることはイメージしやすい**ものです。日常生活での経験を基にすると，1分間で80mくらい進むというのは理解できることでしょう。1分間で80m進むという具体的な長さが出てこなくても，1分間で100mまでは行かないなという感覚ぐらいでもよいでしょう。そして，2分間ではどのぐらいの道のりを歩けるのか，3分間ではどうかということを自分が歩いている場面をイメージしながら考えさせれば，2倍，3倍の長さはどれぐらいになるかつかめます。このことから，「道のり＝速さ×時間」という関係を導き出すのです。また，単位（毎分or毎時，あるいはm or km等）がそろっているかにも注意させましょう。

❷ 「み・は・じ」，または「は・じ・き」として覚える

　小学校の先生がよく指導しているのか，右のような図で覚えている生徒も少なくありません（「み」…道のり（距離），「は」…速さ，「じ」…時間）。これによって簡単に速さに関する公式が得られるわけですが，たまにどこから書いたらよいのか迷ってしまう生徒を見かけるので，**意味の理解が不足した状態で形式的に用いないよう注意が必要**です。また，単位がそろっているかに注意しなければならないことは，❶と同様です。

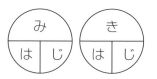

関係を図や表に表す

　「道のり＝速さ×時間」の公式を思い出すことができたら，問題にある道のり，速さ，時間の関係を見つけます。そのためには，場面を図に表すとよいでしょう。**時間の流れでどのように進んでいるかつかめる**からです。

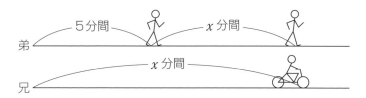

　そうしてから兄が弟に追いつくまでの「道のり，速さ，時間」の関係を表に表します。「追いつくまでにかかる時間」「追いつくまでに進む道のり」を考えさせ，表

	弟	兄
速さ(m/分)	80	180
時間(分)	$x+5$	x
道のり(m)	$80(x+5)$	$180x$

を埋めていきます。兄も弟も進んだ道のりは等しいということから方程式がつくれるわけです。表は**上から順にかけ算すれば道のりが出るようにしてあるので，生徒も容易に埋めることができる**でしょう。

⑩ 関数　比例と反比例

「関数」って何？

> **教科書** ともなって変わる2つの変数 x, y があって，x の値を決めると，それに対応して y の値がただ1つ決まるとき，y は x の関数であるといいます。

　このひとつながりの長い文章を読んで，関数の意味を正しく理解できる生徒が学級にどれぐらいいるでしょうか。「関数とは何か」を正しく理解するのが，中学1年生にとってかなり大変なことであるのは間違いありません。

　多くの教科書も，導入で具体的な例をいくつも用意し，その結果関数の概念をつかませたうえで，「関数とは」という定義でまとめています。しかし，3年生になっても関数の定義についての理解度は思わしくなく，苦手意識をもっている生徒が多くみられます。

　また，「関数ってグラフがかければいいんでしょ」とか「式が書けないのは関数じゃない」などと勘違いしている生徒も少なくありません。

　では，どのようにして正しい理解に導いていけばよいのでしょうか。

表，式，グラフを使い分ける

　関数の指導では，表，式，グラフを時と場合によって使い分けられるようにしなければなりません。そのためには，**それぞれの表現方法がもっている長所や短所を把握させることが大切**です。

　表は，x の値の変化に応じて y の値がどのように変化していくのかを数値

的に観察したり，対応の仕方を分析したりするのに適しています。しかし変化の様子を直観的に把握することには向いていません。

　式は，xの値が決まったときにyの値を正確に求めるのに適しており，xとyの数量関係を端的に表現することができるよさがあります。ただ，関数といえば何でも式に表せるとは限りません。例えば，自然数xとその約数の個数yは，xの値を決めると，それに対応してyの値がただ１つ決まるので，yはxの関数ですが，式に表すことはできません。

　グラフは，xとyの変化の様子を目で見てわかるように表現することに適しています。式で表せない関数でも，変化の特徴をとらえることができます。ただ，正確な値を読み取ることができないという欠点があることも把握しておく必要があります。

　このような表，式，グラフを，具体的な関数を調べるときに使い分けていくことによって，それぞれのよさを実感することができます。教師は表，式，グラフのよさに随時触れながら指導していくとよいでしょう。それも，教師がよさを強調するのではなく，**生徒がそれぞれのよさを実感できるような課題や授業展開を工夫することが大切**です。

概念の獲得には時間がかかるもの

　一般的に，概念を獲得するということは，急にできるものではありません。関数についても，**定義が出てくるのは１年ですが，そこで完璧に理解させようと焦ってはいけません**。２年の一次関数，３年の関数$y=ax^2$の学習でも折に触れて関数の定義に戻り，具体的な事象の関数関係を明らかにするのに適切な表現方法を選んで説明をさせたり，問題を解決させたりすることを通して，徐々に「関数とは何か」を実感的に理解させていくようにしたいものです。

⑪ 関数　比例と反比例

x が増えると y が減るのが反比例じゃないの？

> **教科書** 面積が12cm²の長方形で，縦の長さを x cm，横の長さを y cm としたとき，y は x に反比例し，その変わり方は下の表のようになります。
>
> | x | 1 | 2 | 3 | 4 |
> |---|---|---|---|---|
> | y | 12 | 6 | 4 | 3 |

　上に示した内容は，小学6年で出てくる反比例の学習の一部分です。典型的な反比例の例として長方形の面積が一定のときの縦と横の長さの関係を表に表しています。数値の変化をみると，「x の値が増えると，y の値は減っている」ということができます。このような経験から，「比例は x が増えると y も増える関係」で，「反比例は x が増えると y が減る関係」だと単純に思ってしまっている生徒が多くみられるのです。

　これは中学生に限った話ではなく，大人が交わしている会話の中でも「…が増えると…が減るという反比例の関係だから」といった話を耳にすることがあります。

「どのような増え方をしているか」まで考える

　表にあらわれている数値の変化の様子をみると，確かに x の値が増えていくにしたがって，y の値は減っています。このように，中学校で関数を学ぶ前の段階では，何となくみて判断している場合が少なくありません。そこ

で，一つ一つていねいに数値をみさせていくことが必要になってきます。

ここでは，「xの値が１ずつ増えると…」とか「xの値が２倍，３倍に増えると…」といったように，xの増え方に対してyの増え方がどのように変化していくのかまでとらえさせていくことが大切です。

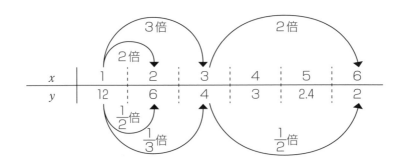

また，表ではどのような変化をしているのかは，なかなかつかみにくいものです。しかし，グラフに表してみると，変化の様子を目で見ることができます。このように，**変化を視覚化する目的でグラフを利用させ，直線的に変化しているのか，曲線的に変化しているのかを自分で判断できるようにする**ことが大切です。

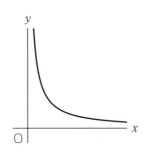

比例定数を負の数まで広げる

本来，ここまでの内容は小学校で学習してきていることですが，それでも，生徒にとって変化しているものをとらえるのは難しいことです。そこで，**「xが増えるとyが減る」関係になっていない具体例を示すことも必要**になってきます。$y=\dfrac{a}{x}$で比例定数aが負の場合のグラフを扱うので，ここで「xが増えるとyが減る」関係にはなっていないことを強調するとよいでしょう。

⑫ なんでものさしや分度器を使ってはいけないの？

図形　平面図形

> **教科書**　作図では，次の道具だけを使っています。
> ・直線をひくための定規
> ・円をかいたり，線分の長さをうつしとったりするためのコンパス

　基本の作図について学習するにあたって，教科書ではおおよそ上のような説明がされています。しかし，小学校では，図形の学習をするのにものさしや分度器などを使ってきました。

　小学2年でいろいろなものの長さを測るためにものさしを使い，さらにものさしの目盛りのない方を使って（定規として）直線のひき方を学

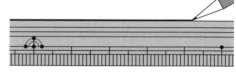

目盛りのない方で線をひく

んでいます。また，小学3年で円をかくためにコンパスを使い，さらにはコンパスを使って等しい長さをとり，二等辺三角形や正三角形をかくことを学んでいます。小学4年ではいろいろな角の大きさを測るために分度器の扱い方を学習していますし，三角定規を使って平行線と垂直な直線をかくことを学習しています。

　これらの道具を使って図形をかいたり，あるいは図形をかくために量の測定をしたりしています。それが，中学校になったとたん「図をかくときにものさしや分度器は使ってはいけない」といわれるのです。生徒が，なぜものさしや分度器を使ってはいけないのかがわからないのも無理はありません。

「作図」することと「図をかく」ことの違い

　中学校で図形を学習する初期の段階では,「作図する」といわれても,定規とコンパスだけでなく,ものさしや分度器,三角定規を使用することがあたり前だと生徒は考えています。つまり,使用する道具を定規とコンパスだけに制限されている「作図」ではなく,「図をかく」という段階です。

　ここでは,いきなり「作図」を求めるのではなく,最初は長さなどを測りながら「図をかく」ことを認め,徐々にそれらを使わなくても定規とコンパスだけで図がかけるようにしていくことが大切です。

　例えば,60°の角度は分度器を使えばすぐにかくことができます。しかし,**測定してかいた場合,正確に60°になっているとはいいきれないことに気づかせます**。そして,コンパスを使った正三角形の作図を体験させることにより,正確に図をかく,つまり「作図」の意味を実感させるのです。そのうえで冒頭に示した教科書の説明を行うと,生徒も納得しやすくなるでしょう。

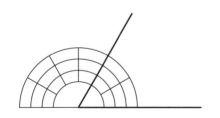
分度器を使って「図をかく」

コンパスを使って「作図」する

　なお,かつては,長さを測らない道具,あるいはものさしとは違うという意味で「定規」をあえて「定木」と書くこともありました。今ではそれほどこだわらず「定規」という漢字を使っていますが,このような意図も含まれている漢字「定木」があることも知っておくとよいでしょう。

13

図形　平面図形

πって数なの？　文字なの？

> **教科書** 円周率は，円周の直径に対する割合です。その値は，
> 3.141592653589793238462643383279502……
> と限りなく続きますが，およその値として3.14がよく使われます。この円周率を，ギリシャ文字πで表します。

　小学5年で円周率について学習します。どんな大きさの円でも，円周と直径の割合はいつも一定で，円周は直径の3.14倍になっていることを，実験しながら理解していきます。そして，より詳しく求めると上記のように小数点以下がどこまでも続き，終わりのない数であることも学習しています。子どもは，この小数点以下がどこまでも続いて終わりのない数を，3分の1と同様につかみどころのないものと感じています。しかし，一応3.14として計算し，円周の長さや円の面積を求められることで，安心感を得ているのです。

　ところが，中学生になると正負の数に続いて文字の式を学習し，円周率はπという文字を使って表現します。そこで，生徒はまた戸惑うのです。「円周率πって数なの？　それとも文字なの？」と。

　現に，現在使われている中学校の教科書では，文字式のところでπを紹介していたり，円とおうぎ形の計量のところでπを紹介していたりします。

πは数の役割と文字の役割をあわせもっている

　πそのものは円周率3.141592653……という数値を表しています。それと

同時に文字として扱うことができ，例えば，半径10cm，中心角が72°のおうぎ形の面積は，次のように簡潔に計算することができます。

$$\pi \times 10^2 \times \frac{72}{360} = 20\pi (cm^2)$$

つまりπは，数としての役割をもちながら，文字としての役割をもっているということがわかります。

また，文字としての役割のよさは，次のような例からも感じることができます。大木があり，その木の直径はどれくらいか求めるとき，円周の3分の1として計算すればよいことを小学校で学んでいます。そこでは，円周率を3として扱っています。そして，教室内では3.14を使って円に関する求積を行っています。ところが，一歩教室から外に出ると状況が一変します。例えば，日本で公認の陸上競技場のトラックをつくるときは，円周率を3.1416の5けたとすることがルールブックで決められていますし，日本で打ち上げられた惑星探査機「はやぶさ」にプログラムされた円周率は16けただそうです。それは，3億kmの宇宙から地球に帰還するのに，3.14では約15万kmもの誤差が生じてしまうからです。地球の直径は約1.3万kmですから，3.14で計算したのでは帰ってこられる可能性がとても低くなることがわかります。

このように，円周率として採用する値は場面によって異なってきます。そのどの場面にも対応できるのがπです。**文字πを使って計算した結果に，何けたまでの数値を使うのかだけを考えればよい**からです。このよさについてぜひとも生徒に実感させたいものです。

ここで注意しておかなければならないことがあります。それはπは3.14…という決まった数を表す文字なので，πが混じった積の中では，**文字πは数の後，そして他の文字の前に書くという約束がある**ということです。例えば，円の半径がrの円周の長さは，数2のあと，そして他の文字rの前に書き，$2\pi r$と表されることになります。これも生徒になかなか定着しないことの1つです。

見取図がうまくかけない！

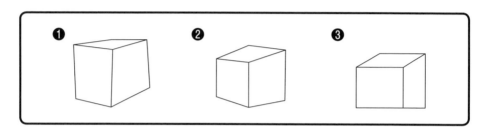

　上の図は，いずれも中学生がかいた立方体の見取図です。かいた本人も何となくおかしいと感じていますが，どう直したらよいのかわかりません。
　❶は柱となる辺が皆ねじれの位置になっており，❷は柱が垂直に立っているのに天井の面が傾いて見えます（右の側面の形状が影響しています）。また，❸は床についている面を水平にしたい気持ちが強くあらわれています。
　見取図については，小学4年で，立方体や直方体の全体の形がわかるような図をかくことを通して，辺や面のつながり，それらの位置関係などについて理解することをねらいとして学んでいます。もちろん4年ではじめて学ぶのではなく，2年のときには箱づくりを通して立体を観察したり，構成したり，分解したりする活動が行われています。したがって，このころからしっかりと学習していれば，中学校ではスムーズに空間図形の学習に入れるのですが，現実にはなかなかそううまくいきません。

小学校では方眼を利用してかいている

　小学校で学習している直方体や立方体の見取図をかく手順を見ると，4年

で方眼を使い，次のようになっています（以下の図では方眼を省略）。

①長方形か正方形をかく。
②下の図のように隣あった面をかく。
③見えない辺は点線でかく。

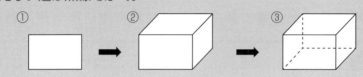

しかし，このように書いてあっても，方眼の格子点をうまく使うことができない子どもが見受けられ，結構難しいことがわかります。

このようなことから，中学校では，**比例のグラフとも絡め，方眼の水平，垂直の線と見取図の斜めの辺とでつくる三角形が合同になるように意識させることがカギ**を握っているといえます。

直方体や立方体では1つの面で対辺どうしを平行にかく

さらに，直方体や立方体の見取図では向かい合う辺と辺の平行関係を意識することによって，教科書にあるような図をかくことができます。

算数や数学の場合，デッサンでよくみられる2点透視図法は使っていません。対辺が平行になることを意識してかいているのです。ということは，先ほど説明したように，方眼を使うのが一番かきやすいわけです。

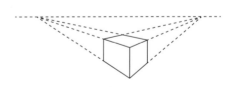

2点透視図法

したがって，**たとえ方眼がなくても対辺どうしを平行にかくことを意識させる**とよいでしょう。見違えるほどに上手にかけるようになります。

15

図形 / 空間図形

「ねじれの位置」って どんな位置？

> **教科書** 空間で，2つの直線が，平行でもなく，交わってもいないとき，その2つの直線は，**ねじれの位置**にあるといいます。

　生徒は，この文章をはじめて読んだとき，謎解きのような感覚を覚えるのではないでしょうか。小学4年の図形の学習では，「平行」とか，「交わる」という中の特別な状態である「垂直」という位置関係を学習しています。

　しかし，多くの子どもたちにとっては，単なる用語としての知識でしかありません。直線と直線が，あるいは面と面が平行とか垂直というものを「形」として理解していることが多く，位置としてとらえたときの「関係」までは考えが及ばないことが多いのです。このため，1つの面に収まっていない辺の関係，例えば，右図の辺ADと辺FGの平行は，生徒にとってややわかりにくい位置関係なのです。

　ましてや，「ねじれの位置」などという平行でもなく，交わってもいない「位置関係」は初めての経験であり，ていねいに指導していく必要が出てくるのです。

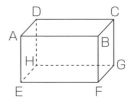

辺ABと辺EFが平行であることはすぐわかるが，辺ADと辺FGの平行はわかりにくい。

身の回りのものを観察する

　平行とか垂直という用語を「形」としてとらえている生徒に対しては，

「位置関係」としてとらえられるようにしていく必要があります。そのためには，直方体の箱と鉛筆など身の回りにあるものを使って，「これは平行」「これは垂直」といったように，いろいろな平行や垂直の「位置関係」をつくり出して観察させることが大切です。

「ねじれの位置」についても，**いくつもの「ねじれの位置」の「形」をつくり出し，それを「位置関係」まで高めていく**とよいでしょう。「位置関係」を指摘する問題の中にすべてを言わせる問題を見かけることがありますが，いろいろな「形」から概念化していくうえで有効な方法であるといえます。

より具体的な世界にイメージを求める

直方体の箱と鉛筆などでもイメージがわかない，という生徒も時折見受けられます。箱や鉛筆が半具体的な教具だからです。

そういった生徒の場合，より具体的な世界にイメージを求めることが効果的な方法です。例えば，**立体交差をしている高速道路や，川とそれにかかる橋，あるいは高速道路とその下を走る新幹線の線路など**を示してみるとよいでしょう。

「形」「位置」「大きさ」を意識する

図形の学習とは，「形」「位置」「大きさ」について学んでいくことなのだということを，生徒はあまりわかっていません。したがって，このことを生徒に意識させる必要があるでしょう。

また，「位置関係」というのも，生徒にとっては難しい言葉です。平行とか垂直という言葉はわかっているし，その図形的な意味合いもわかっています。しかし，それが2つの図形の間にある**位置**についての**関係**を表しているのだというところまでは深まっていないのです。このことを教師として意識しておく必要があります。

16

資料の活用　　資料の活用

平均値だけで比べちゃ いけないの？

> **問題** 7人ずついるA班とB班でソフトボール投げをした結果が次のようでした。どちらの班の方が遠くに投げたといえるでしょうか。
> A班　29m，26m，27m，22m，54m，30m，27m
> B班　26m，31m，37m，35m，23m，31m，27m

　上の問題に対して，ある生徒が「2つの班の平均を求めると，A班は30.7m，B班は30.0mです。だからA班の方が遠くに投げたといえます」と答えたら，多くの生徒から「合ってます」と返ってくることでしょう。

　小学5年で平均を学び，例えば何歩か歩いた距離を歩数でわって自分の歩幅を求めています。さらに，小学6年では資料を代表する値としての平均を学んでいます。そのため，多くの生徒は資料全体の特徴を表す数値として平均値が使われることにほとんど疑問をもちません。

　また中学校でも，資料の活用では代表値としての平均値が最初に登場するので，このような傾向になっていくものと思われます（もちろん，「何かおかしいな」と思う生徒もいます）。

話し合いを通して正しい判断に迫る

　まずは，小学校で「平均」と呼んでいたものを「平均値」と呼び，資料全体の特徴を表す数値として一般に使われていることを知らせ，その計算方法についても復習しておきます。そのうえで，集団として比較していることを

確認し，「本当にこの判断でよいのだろうか」と問いかけていくのです。

この例の場合，A班は54m以外の記録はいずれも平均値30.7mより小さく，代表値としてふさわしくないことがいえます。このことは，1人の生徒が他の生徒と比べて突出して遠くに投げたためにこのような状況が生まれてきたことも話し合いの中で出てきます。生徒はいろいろ考え，判断して意見を述べるので，教師はその意味するところを支えてあげることが大切です。統計では，「これが唯一の正しい答え」というものがない場合が少なくありません。したがって，**様々な意見を出しながら話し合い，そのうえで正しい判断に迫っていくことが重要**になります。

資料の分布に目を向ける

飛び抜けて外れた値がある場合，平均値は代表値としてふさわしくないことに気づかせることがポイントです。それが明らかになる方法はないかを生徒に問い，ヒストグラムや集団の真ん中に位置する値（中央値），数多く現れる値（最頻値）などを引き出していくとよいでしょう。ここは，**あくまでも生徒自らに見つけ出させる**ということに気を配ってください。

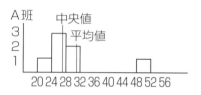

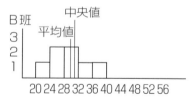

ここに示した値は度数が少ないですが，実際にはより多くの資料を基に判断しなければなりません。したがって，あくまでも代表値の意味を理解させるための資料であることを伝える必要があります。

ただ，度数が少ないと取り扱いが楽なので，その本質について考えることが容易にできます。どちらも一長一短あるので，教材をよく検討して提示するようにしたいものです。

17 分母をはらってはいけないの？

数と式 / 式の計算

問題　❶次の計算をしましょう。　　❷次の方程式を解きなさい。

$$\frac{3x-y}{2} - \frac{2x+3y}{3}$$

$$\frac{3x-1}{2} = \frac{x+2}{3}$$

❶は2年の式の計算で，❷は1年の方程式で出てくる問題です。

❶の問題を提示すると，次のように計算してしまう生徒がいます。

$$\frac{3x-y}{2} - \frac{2x+3y}{3}$$
$$= 3(3x-y) - 2(2x+3y)$$
$$= 9x - 3y - 4x - 6y$$
$$= 5x - 9y$$

つまり，2行目で通分をするべきところを，6倍して分母をはらってしまっているのです。その原因は，❷の問題のような分数を含む方程式の解き方を学習した経験にあります。

$$\frac{3x-1}{2} = \frac{x+2}{3}$$

両辺を6倍して，$3(3x-1) = 2(x+2)$
$$9x - 3 = 2x + 4$$
$$7x = 7$$
$$x = 1$$

分数を含む方程式では2行目のように方程式の両辺を6倍して分母をはら

う方法が多くとられます。この「分母をはらう」という方法は，式が簡単になるので，生徒にとっては魅力的なものです。そのため，分母をはらうという操作だけが記憶に残り，文字式の計算にも適用してしまうという現象がみられるのです。

等式の性質を再確認する

　文字式の計算と，等式の性質を使って方程式を変形することを混同しているわけですから，1年の方程式の学習のところで出てきた等式の性質をもう一度確認するのが一番よい方法です。
　「等式の両辺に同じ数をかけても，等式が成り立つ」
　この**「等式の両辺に」ということが，文字式を簡単にしたり計算したりする場面では出てこないことに気づかせることが大切**です。
　また，教師から言われてではなく，自分の力で間違いに気づくようにさせたいものです。「方程式だから等式の性質に従って式変形できるのであって，1つの式を勝手に何倍かして分母をはらうことはできない」と説明しても，生徒が「そうだ，そうだった」と心底から納得しなければ，馬の耳に念仏です。手がかりは与えつつも，生徒自らが違いに気づくまで待つ，という姿勢をもてるようにしたいものです。

　なお，1年で学習する文字式の問題では，$\dfrac{3x-1}{2} - \dfrac{2x+3}{3}$ のようなやや複雑な形の問題（分数式とみられるもの）を扱うことは避け，文字式の計算に慣れるまでは基本的な問題だけに留めるようにしたいものです。

　出題するとしても，$\dfrac{1}{2}(3x-1) - \dfrac{1}{3}(2x+3)$ のように，一次式に分数をかけた式の加減という形までにした方がよいでしょう。

数と式　式の計算

乗除の混じった計算ができない！

> **問題** 次の計算をしなさい。
> $6x^2 \times (-y) \div (-2xy)$

この問題を解いている様子を見ていると，生徒の解き方は様々です。

$6x^2 \times (-y) \div (-2xy)$
$= -6x^2 y \div (-2xy)$
$= 3x$
左から順に2項ずつ計算していく

$6x^2 \times (-y) \div (-2xy)$
$= \dfrac{6x^2 \times (-y)}{-2xy}$ ← この行を省略してしまう
$= 3x$
一挙に計算しようとして途中式を書かない

上の計算はいずれも正解ですが，実際の生徒はなかなかこうもうまくいきません。一番多いのは符号のミスです。また，わり算が絡んでいるだけで，正答率はガクンと下がってしまいます。

では，どのような対策をとったらよいのでしょうか。

一定の手順を意識しながら計算する

符号も絶対値も文字の部分も一度に計算処理しようとすると，注意が行き渡らずにミスが生じてしまいます。

乗除が混じった文字式の計算は，次の手順を意識して行うと，ミスを格段

に減らすことができます。
　①計算記号×は省き，÷は分数の形で書く。
　②符号を決定する。
　③絶対値の計算だけをする。
　④文字（式）の部分の計算をする。
　冒頭の問題で考えると，①計算記号をきまりにしたがって省略します。÷の計算記号があるので，解答例の右側の2行目のように分数の形にします。②符号は−が2個あるので＋です（最初のうちは＋符号を書いて残しておきます）。③符号を取り除いた数，つまり絶対値だけを計算します。④文字（式）の部分だけに着目して計算します。
　このように，**一つ一つ手順を踏んで計算することで，今はどの段階の計算をしているのかを意識させる**ことができます。

わる単項式の係数に分数が含まれるときに注意

　わり算が混じっている計算，特に，わる単項式の係数に分数が含まれていると，正答率がガクンと落ちてしまいます。例えば，次のような例です。

$$\div \left(-\frac{1}{3}x\right) \Rightarrow \div(-3x) \qquad \div\left(-\frac{5}{2}x\right) \Rightarrow \times\left(-\frac{2}{5}x\right)$$

分数係数の部分だけに集中し，文字について注意がおろそかになるため，分子に x が残ってしまうのです。その他にも，A÷B×C型の計算も間違えやすいパターンです。$= \dfrac{A}{B \times C}$ と式変形してしまう生徒が見受けられます。

　このように注意すべき問題については，**生徒が自分でノートに工夫してまとめておく**ことが有効な手段となります。

　問題を出す側の教師にも注意したいことがあります。**やみくもに複雑な計算を生徒に課すことは避ける**ということです。生徒に過度な負担をかけ，数学嫌いを増やしてしまいかねないからです。

19 数と式　式の計算

2けたの整数は ab じゃないの？

> **教科書**　2けたの整数の十の位の数を a，一の位の数を b とすると，
> $10a+b$
> と表されます。

　2けたの正の整数を文字式で表すことは，多くの教科書では2年で扱っています。その理由は，整数を文字式で表すことを学習しても，それを活用する場面が1年では少ないから，そして，普段使い慣れている整数を文字の式に表すことに戸惑いを覚える生徒が少なからずいるからです。

　「にじゅうさん」や「はちじゅう」という数は算用数字を使って「23」や「80」と表すことができることを小学1年の時点で学習しています。いわゆる「十進位取り記数法」です。この記数法の特徴は，数を数字で書き表す場合，一，十，百などの単位の大きさを表すのに，「位置の違い」を利用しているということです。つまり，2という数と，23の中の2という数字の価値は，右から何番目に書いてあるかによってその重みが違うわけです。また，80という数の0は，8という数の位置を表すために大変重要であるということも学んでいます。いわゆる「空位を表す数0」の存在です。

　それらのことをはっきりさせるために，「十の位」，「一の位」の意味（位取り）と用語を指導しています。また，それぞれの位を単位とする数が10になると次の位に進み，10に満たない端数がそれぞれの位の数字として表されること（十進数）も指導しています。

　しかし，子どもの意識にはあまり残らず，漠然と使っているというのが実

情です。ですから，中学校に入って，「2けたの整数を文字を使って表せ」といわれたとき，ab と表現するのも無理はないのです。

普段使っている十進位取り記数法を振り返る

2けたの数を ab としてしまわないようにするために，まず普段使っている数は「十進位取り記数法」に則っているということを再確認させましょう。つまり，「23」と表されている数は，「にじゅうさん」と読んでいるけれど，その数が表しているのは**「10の束が2個。端数が3」**であるということ，そしてそれは式で表すと，**「10×2＋3」**と表現できることを生徒から言わせるのです。当たり前のこととはいえ，なかなかこのような式は出てこないので，いくつか2けたの数を具体的にあげ，それを式に表し，そして最後に，

$23 = 10 \times 2 + 1 \times 3$
$45 = 10 \times 4 + 1 \times 5$
$80 = 10 \times 8 + 1 \times 0$
これより，$10 \times a + 1 \times b$
つまり，$10a + b$

10×(十の位の数)＋(一の位の数)

にたどり着けばよいのです。

こういった手順を踏んで，文字を使って十の位の数を a，一の位の数を b とすると，$10a + b$ と表すことができることを，生徒自らが納得して書き表せるようにしたいものです。

ab と表すことができる身の回りの数量を考える

生徒に ab と表すことができる数量を身の回りから考えさせてみることもよい方法です。生徒自らが ab で表される数量，例えば，**縦 a×横 b の長方形の面積**を考えることによって，2けたの整数を ab と表すことはできないことに気づかせることができるでしょう。

なんで奇数は$2n+1$なの？

質問 文字の式を使って自然数はnと表したり，偶数は$2n$と単項式で表したりすることができるのに，なんで奇数は$2n+1$のように多項式になってしまうのですか？
そもそも$2n+1$ではなく，$2n-1$と表すべきではないですか？

　今まで方程式を利用して身の回りの問題を解決してきました。そのとき，例えば，「生徒の人数をx人とすると」とか「リンゴ1個の値段をx円とすると」のように，まだわかっていない数量をxなど1つの文字で表して方程式をつくり，それを解いて答えを求めてきたわけです。

　また，2年になり，自然数をnとおいたり，偶数を$2n$と表して整数の性質について考えたりしました。$2n$は文字だけでは表していませんが，単項式で表せました。

　このようなことから，奇数を単項式ではなく，$2n+1$という多項式で表すことに抵抗があるのです。

数を順序よく並べ，文字の式の値を対応させてみる

　奇数は小学5年で学習しています。整数を数直線上に書き並べ，2でわり切れる数に○をつける作業をした後，**「2でわり切れる数が偶数，2でわり切れない整数が奇数」**とまとめています。
　実際に書き並べると，次のようになります。

偶数　0，2，4，6，8，10，12，14，…
奇数　1，3，5，7，9，11，13，15，…

　偶数は2でわり切れるから「2×整数」と表され，整数を m とすると $2m$ と表されます。また，偶数と奇数を比べると，奇数は偶数より1大きい数になっていることがわかります。

　そこで $2m$ より1大きい数として $2m+1$ が得られるわけです。ここで偶数を見直すと，$2m+0$ とも見ることができ，**「2でわると余りが0のものが偶数，2でわると余りが1のものが奇数」**とみることができます。つまり，単項式だけでなく，多項式でも表してよいことがわかります。

　小学4年では，余りのあるわり算と答えの確かめとして**「わる数×商＋余り＝わられる数」**という式を使っています。つまり，5でわると2余る数は，m を整数とするとき $5m+2$ と表されることも，ここから推察することができるのです。

奇数は $2n-1$ でも $2x+7$ でもよい

　奇数を $2n+1$ ではなく，$2n-1$ としなければならないと思うのは，「n を自然数とする」と考えているためです。$2n+1$ に $n=1$ を代入すると3になってしまい，1が出てこなくなることを心配しているのです。

　整数の性質を文字で考えるとき，ほとんどの教科書では自然数を対象としていますが，自然数を n とするとは書いていません。また，上にも述べたように，偶数に0が入っていることは小学校でも学んでいます。ただ，**商が負の数の場合の余りを考えると，余りも負の数にしてしまう生徒が多いので，中学2年ではこのことを避けて0以上の整数で説明している**のです。

　また理屈をつけていうならば，奇数は，x を整数としたとき，$2x+7$ でもかまわないことになります。そうする人はいないでしょうが，$2(x+3)+1$ となり，これは「2×整数＋1」となるから奇数を意味しています。生徒と奇数についてちょっと深く考えたいとき，おもしろい視点になります。

㉑ 数と式 / 式の計算

なんで2つの数を違う文字で表すの？

問題 奇数と奇数の和が偶数であることを説明しなさい。

解答 整数を m とすると，奇数は $2m+1$ と表せるので，奇数と奇数の和は，$(2m+1)+(2m+1)=2(2m+1)$
$2m+1$ は整数だから，$2(2m+1)$ は偶数である。
つまり，2つの奇数の和は偶数である。

上の解答を見たとき，間違いを正しく指摘できる生徒は，残念ながらそう多くありません。また，次のような解答も見受けることもあります。

整数を m とすると，奇数は $2m-1$，$2m+1$ と表せるので，奇数と奇数の和は，$(2m-1)+(2m+1)=2\times 2m$
$2m$ は整数だから，$2\times 2m$ は偶数である。
つまり，2つの奇数の和は偶数である。

そもそも，2つの奇数を異なる文字 m，n を用いて $2m+1$，$2n+1$ と表すというのは，なかなか考えつきにくいことなのです。

具体的な数を文字に当てはめて確認する

冒頭の解答の1行目で示している「整数を m とすると，奇数は $2m+1$ と

表せるので」は正しい内容です。多くの教師は，この問題に取りかかる前に奇数とはどのようなものかを確認していることでしょう。

問題はその後の式です。

$(2m+1)+(2m+1)=2(2m+1)$

この式の誤りに気づかせるには，m にいろいろな値を代入し，どのような式になるのかを観察させるとよいでしょう。

$m=3$ のとき，$7+7=14$

$m=6$ のとき，$13+13=26$

$m=15$ のとき，$31+31=62$

いろいろと値を代入していくことによって，生徒自身が「あれっ？」と気がつきます。大事なのは，**教師から「こうなんだ」と説明するのではなく，生徒自身に「そうか，わかった」と気づかせる**ことです。

$(2m-1)+(2m+1)=2×2m$ の式についても同様です。いろいろな値を代入することによって，勝手な2つの奇数をたしているということになっていないことに気づかせることです。

また，この場合は連続する2つの奇数の和になっていることに目を向けていくことも，幅広い式の見方をできるようにするためには有効です。

異なる文字のところに同じ数を代入してもよい

文字の種類を変えるという発想はなかなかできるものではありません。文字 m を使ったところには，すべて同じ数値を代入しなければならないという考えに，すんなりいけるわけではないからです。

ただ，ここで気をつけたいことは，異なる文字を使っても，代入する数値は同じでもかまわないということです。心理的に，**「異なる文字だから数値も異なるものでなければならない」と生徒は考えてしまいがち**です。このことも教師として押さえておきたいところです。

食塩水の濃度に関する問題がわからない！

問題 濃度が，それぞれ7％と13％の2種類の食塩水があります。この2種類の食塩水を混ぜ合わせ，濃度が9％の食塩水を600gつくることにしました。
それぞれ何gずつ混ぜればよいでしょうか。

食塩水の濃度に関する問題は，多くの生徒がつまずく連立方程式の文章題です。この苦手意識を克服させる方法はあるのでしょうか。

3つの基本事項を押さえる

まずは，食塩の濃度に関する3つの基本事項をきちんと押さえます。

①食塩水を混ぜる前と後では，全体の食塩水の重さや食塩水に含まれる食塩の重さは変わらない。

②食塩水の濃度は，$\dfrac{食塩の重さ}{食塩の重さ＋水の重さ}$（％）で表される。

③食塩水に含まれる食塩の重さは，食塩水の重さ×$\dfrac{濃度（％）}{100}$で表される。

そして，**イメージをもたせるために実際にビーカーで混ぜ合わせるところを見せます。**さらに，その模式図を使って説明していくとよいでしょう。

	7%の食塩水	13%の食塩水	9%の食塩水
食塩水の重さ（g）	x	y	600
食塩水の濃度	$\dfrac{7}{100}$	$\dfrac{13}{100}$	$\dfrac{9}{100}$
食塩の重さ（g）	$x \times \dfrac{7}{100}$	$y \times \dfrac{13}{100}$	$600 \times \dfrac{9}{100}$

関係を表にまとめる

次に，下のような表をつくらせます。

①のように，混ぜる前と後とでは，全体の食塩水の重さや食塩水に含まれる食塩の重さは変わらないということを強調します。そして，この表を見ながら，食塩水の重さに関する等式，食塩の重さに関する等式を作成します。

食塩水の重さについての等式は，$x+y=600$ …①

また，食塩の重さは，（食塩水の重さ）×（食塩水の濃度）で得られるので，それぞれの食塩の重さの合計が9％の食塩水に含まれる食塩の重さと等しいことになるから，$\dfrac{7}{100}x+\dfrac{13}{100}y=600\times\dfrac{9}{100}$ …②

これらの式と上の表を比べてみると，**表の数値の間に計算記号を入れるだけで立式できる**ことがわかります。

食塩水の重さについての等式は，「＋」と「＝」を入れればできます。また，上2行の式をかけたものがそれぞれの食塩の重さになっており，これらの関係も「＋」と「＝」を入れればできます。

一度教師が模範を示せば式のつくり方がわかり，その後は自力で式をつくっていくことができるようになるでしょう。

23 数と式 — 連立方程式

異なる単位の数量を求める速さの問題がわからない！

問題 ある列車が，1000mの鉄橋を渡りはじめてから渡り終わるまでに，60秒かかりました。また，この列車が2000mのトンネルに完全に入っている時間は90秒でした。
この列車の長さと時速を求めなさい。

「道のり，速さ，時間」に関する連立方程式の文章題でも，x，yとも同じ単位の数量を求める次のような問題もあります。

A地点からB地点を経てC地点まで，125kmの道のりを自動車でいくのに，A，B間を時速30km，B，C間を時速80kmで走ると，2時間30分かかりました。
A，B間，B，C間の道のりを，それぞれ求めなさい。

これは，1年の「道のり，速さ，時間」の問題の項で示したのと同様に，表を使って答えを求めることができる問題です。前項の食塩水の問題も表を使って解いたことを思い起こさせるとよいでしょう。

しかし，冒頭の問題では，列車の長さはxm，速さは秒速ymです。今までのように道のりを$x$km，速さを時速$y$kmとしたときとは異なる単位の数量を文字にするので，生徒は式をつくりにくく感じます。また，鉄橋を渡り始めてから渡り終わるまでの時間を求めることと，トンネルに完全に入っている時間を求めることは，それぞれの長さの求め方が異なります。

そのために，どのように手をつけていったらよいのか迷う生徒が多くみられるのです。

場面を図に表す

最初に，「道のり・速さ・時間」についての関係を思い出させます。その後，問題にある「道のり，速さ，時間」の関係を見つけます。そのためには，下のように場面を図に表すことが有効です（図は簡単なものでよいです）。

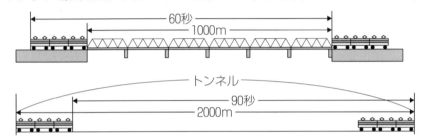

すると，鉄橋を渡り始めてから渡り終わるまでの道のりは，**鉄橋に列車の長さを加えなければならないこと**がひと目でわかります（$1000+x=60y$）。

また，トンネルの中に完全に入っている道のりは，**トンネルの長さから列車の長さを除かなければならないこと**もすぐにわかります（$2000-x=90y$）。

以上から，この2つの方程式を連立させて解を求めます。

単位換算に注意する

また，この問題は単位換算が必要な問題でもあります。**問題で与えられている単位が秒なのに対して，解答として求められるのは時速**です。

秒速を使って式をつくり，連立方程式を解いた後，時速に換算していけばよいのですが，単位換算を苦手としている生徒は数多いので，ていねいに扱いたいところです。

㉔ 関数　一次関数

「変化の割合」って何の割合なの？

> **教科書**　x の増加量に対する y の増加量の割合を変化の割合といいます。
>
> $$変化の割合 = \frac{y の増加量}{x の増加量}$$

　「変化の割合」という言葉に対して，「『変化』って刻々と変わっていくことでしょ。その変わっていくものの割合って，何を意味しているのかわからない」「関数ってなんだかつかみどころがないのに，そこにさらに割合を求めるなんてちょっとムリ…」などと感じている生徒が多くいます。

変化とは？　割合とは？

　ここは，「変化とは？」「割合とは？」ということをていねいに説明することによって，生徒の理解を得ていくほかありません。
　まず，変化についてですが，関数は変化の様子をとらえるための数学です。生徒にとっては，その変化をどのようにしてとらえるのかが理解しにくいところです。一方，「表をかいてみよう」「グラフをかいてみよう」「式に表してみよう」という指示に対しては，それほど抵抗はないようです。表，グラフ，式は変化をとらえる1つの手段として使われるものです。そこに**もう1つの道具として使われるものが，「変化の割合」である**ことを知らせます。
　割合とは，2つの数量を比べるとき，比べる量がもとにする量の何倍にあたるかを表した値のことです。

例えば，全校生徒に対する男子生徒の割合というのは，男子生徒が全校生徒の何倍にあたるかを表しており，$\dfrac{男子生徒の数}{全校生徒の数}$として計算することができます。

　変化についての割合，つまり「変化の割合」も同じように考えます。xの変化している量と，それにともなってyの変化している量があり，xの変化している量をもとにする量，yの変化している量を比べる量とすると，次の式で表されます。

$$変化の割合 = \dfrac{y の増加量}{x の増加量}$$

　例えば，$y=2x+3$で，xの値が2から5まで変化したとき，それにともなってyの値は7から13まで変化します。

　したがって，変化の割合$=\dfrac{13-7}{5-2}=2$となるわけです。

　このところをていねいに説明していくとよいでしょう。

「○○に対する□□の割合」という表現

　最近は，「○○に対する□□の割合」という表現がそもそも通じない生徒が増えているように感じます。ましてや，「□□の○○に対する割合」などといわれると，どちらがもとにする量であるのかわからなくなります。

　そこで，よりていねいに，「**○○をもとにしたときの□□の割合**」といってみてはどうでしょうか。

$$割合 = \dfrac{比べる量}{もとにする量}$$

　そして，具体的な数をあてはめ，どのような分数になるのかを示すのです。経験的に，この「○○をもとにしたときの□□の割合」という表現の方が，より多くの生徒に理解してもらえるように感じます。

一次関数のグラフを利用した問題がわからない！

問題 兄の太郎さんは家から1400m離れた学校に向かって歩いていき、妹の花子さんは同じ道を学校から家に自転車で向かいました。2人が同時に出発したとき、出発してから x 分後の家からの道のりを ym として、2人が進んだ様子をグラフに表すと下のようになりました。

❶ 2人が出会うのは出発してから何分後ですか。

❷ 太郎さんは途中コンビニに立ち寄って買い物をしています。立ち寄ったのは何分ですか。

❸ 太郎さんはコンビニに立ち寄った前と後とではどちらの方が速く歩いていましたか。

❹ 花子さんは家に着いてから8分後に太郎さんの忘れ物に気づき、それをわたすために分速180mで太郎さんを追いかけました。花子さんの進む様子を表すグラフをかき入れなさい。

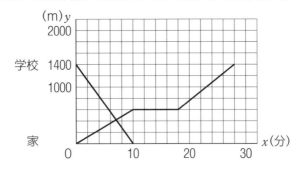

一次関数を利用する問題は，どうしても説明が長く，グラフが入ってきたりするので，生徒に難しい印象を与えがちです。特に，現実場面とグラフのつながりに慣れないために，どう処理したらよいか戸惑ってしまう生徒が多くみられます。そこで，生徒の疑問点を一つ一つ洗い出し，どのように対処したらよいか示していくことにしましょう。

x，y は何を表しているの？

　グラフを見てまず押さえたいことは，「x が何を表しているのか」「y は何を表しているのか」ということです。この点が曖昧になっている生徒が実は少なくありません。
　また，それぞれの単位は何なのかを確認することも大事です。x **が時間を表していることがわかっても，「分」を単位としているのか，「時」を単位としているのかまでチェックが必要**です。y についても同様です。km を単位としているのか，m を単位としているのかによって状況が異なってくるので注意が必要です。

グラフの1目盛りはいくつ？

　一次関数の利用題を扱うまでは，x 軸と y 軸の1目盛りは同じでした。しかし，現実場面に即した利用題を扱うようになると，そうもいかなくなります。冒頭の問題もその1つです。x **軸は1目盛りが2分単位ですが，y 軸は200m 単位となっている**ので，目盛りを注意して見る必要があります。

出会うとは？　追いつくとは？

　「出会うのも追いつくのも2つのグラフが交わるところ」と考えることがなかなかできない生徒がいます。❶で，「『出会う』ということは，『同じ時

刻に同じ地点（道のり）にいる』ということであり，それはグラフ上では2つの直線のグラフが交わるところである」というふうに，**場面とグラフを対応させながらていねいに押さえます。**

交点が正確に読めない

「出会う，追いつく＝グラフが交わる点」ということがわかっても，いざその交点を読もうとすると，方眼上の中途半端なところにあって正確に読むことができず，どうしたらよいかわからなくなってしまう生徒がいます。

しかし，**交点が中途半端な場所であっても，およその時間と場所は読み取れます。**このことを意識することで，大きなミスを未然に防ぐことができます。そのうえで，2つのグラフの式を求め，それらを連立方程式とみて，正確な値を計算すればよいのです。

グラフから式をつくるときは，原則として，傾きと切片を求めます。しかし，切片はグラフから読み取れない場合が多く，グラフが通っている格子点を2つ見つけることがポイントになります。2点の座標を読むことによって，直線の傾きが求められます。これによって，傾きと1点の座標がわかることになり，グラフを表す式を求めることができるわけです。

買い物の場面はグラフのどこ？

「コンビニに立ち寄って買い物をしている」場面が，グラフでどのように表されているのかがわからない生徒がいます。

まずは，コンビニに立ち寄って買い物をしているということは，太郎さんがその間進んでいない，ということを押さえます。

そして，これは「x の値が変わっているにもかかわらず，y の値は変化していない」ということであり，グラフでは水平に表されるということに気づかせます。このように，**現実場面がグラフでどのように表されるのかを段階**

を踏んでていねいに押さえることがポイントです。

速さをどうやって比べればいいの？

途中で速さが変わり，速さが変わる前と変わった後ではどちらが速いかを比較したい場合，どのようにしたらよいか具体策を見いだせない生徒がいます。

速さとは，例えば，1分間にどれぐらいの道のりを進んだかを表した値です。したがって，同じ時間で比べた場合，多くの道のりを進んだ方が速いことになります。これをグラフでいうと，**傾きが大きいほど多くの道のりを進んでいる**ということになります。ここでも，現実場面とグラフをていねいに対応させて確認していきましょう。

追いかける様子をどうやって表せばいいの？

❹で花子さんが追いかける様子を表すグラフをかき込むためには，**何時にどの場所を通過するのか，グラフ上の座標を特定する必要があります**。ここでは，速さが与えられているので，傾きが特定できます。このとき，1分間に進んだ道のりというよりも，1目盛りの単位の数倍，例えば分速180mであれば10分後，1800mとなる場所を見つけ出します。1800mは学校を通り過ぎた地点ですが，グラフをかくために利用します。

そして，この座標とスタートするときの座標を直線で結べばよいことになります。ただし，忘れ物をわたせば花子さんはそれ以上進む必要がないので，太郎さんのグラフと交わる地点まで花子さんのグラフを延ばしたら，それ以降の部分は破線でグラフをかくか，あるいはかかないままにします。

このように，常に現実場面とグラフをしっかり対応させながら指導していくことが大切です。

㉖ 「平行線の性質」と「平行線になる条件」ってどう違うの？

図形　図形の調べ方

> **教科書**
>
> **平行線の性質**
> 平行な2直線に1つの直線が交わるとき，次の性質が成り立つ。
> ア　同位角は等しい　　　イ　錯角は等しい
>
> **平行線になる条件**
> 2直線に1つの直線が交わるとき，次のどちらかが成り立てば，それらの2直線は平行である。
> ア　同位角が等しい　　　イ　錯角が等しい

　漠然と読んでいる生徒にとって，平行線の性質も平行線になる条件も，同じことをいっていると思えてしまうでしょう。

　同じことをいっていると思う原因は他にもあります。小学4年で平行四辺形の学習をします。まず性質について学び，その後平行四辺形のまだわかっていない辺の長さや角の大きさを求めたりします。

　そして次に，平行四辺形のかき方について考えています。右図で頂点Dを決めるために，向かい合う辺の長さが等しくなるようにしたり，向かい合う角の大きさが等しくなるようにしたりすることを考え

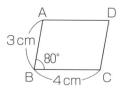

ます。一方で，2組の辺が平行になるように三角定規を使ってかく子もいます。中学校の数学教師には，平行四辺形の性質と平行四辺形になるための条件をゴチャゴチャに扱っているようにみえますが，小学校では性質も条件も

それほど強く区別はしておらず，これでよいのです。

仮定と結論，「逆」への意識

　仮定と結論も，「逆」も，ここではまだ学習していません。しかし，教師が意識して仮定と結論が区別できるように書いたり，AからBへと考えていたものを，BからAへと考えることに着目させたりすることは，ここで指導してよいでしょう。

> **平行線の性質**
> 2つの直線に1つの直線が交わるとき，次のことが成り立つ。
> ア　2つの直線が平行ならば，同位角は等しい。
> イ　2つの直線が平行ならば，錯角は等しい。
>
> **平行線になる条件**
> 2つの直線に1つの直線が交わるとき，次のことが成り立つ。
> ア　同位角が等しいならば，この2つの直線は平行である。
> イ　錯角が等しいならば，この2つの直線は平行である。

　平行線の性質と，平行線になる条件とは，ちょうど語順が逆になっていていることを強調します。そして，**「…の性質」の一つ一つが「…になる条件」となるのかどうかを調べることが，これからは大切であることを伝えます。**
さらに，教科書を使ってこれから学ぶ図形のページを紹介し，二等辺三角形の性質と2角が等しい三角形，平行四辺形の性質と平行四辺形になるための条件の関係を眺めるとよいでしょう。
　また，いつでも「…の性質」の一つ一つが「…になる条件」になるとは限らないことを伝えてもよいと思います。図形の調べ方の方法は，機会があるたびに伝えていきたいものです。

図形　図形の調べ方

なんで「三角形の内角の和は180°」を証明するの？

> **質問** 小学5年で三角形の3つの角の和は180°になることを学習しました。それなのに、中学2年になってまた三角形の内角の和は180°ということを証明します。
> なんで小学校で説明したことをまた証明するのでしょうか？

小学5年で、三角形の3つの角の大きさについて次のように調べています。

① 合同な三角形を横に並べていき、三角形の頂点が集まるところを観察する。

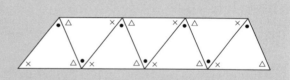

② 適当な三角形をつくって3つの角を切り取り、1か所に集めて並べる。

③ 適当な三角形をかき、分度器で3つの角の大きさを測り、和を求める。

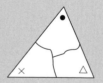

皆が認めている性質を使い、どんな三角形でもいえるように

上の3つの方法は、どれも180°になることを説明できているので、「これだけやったらもう十分」と考える生徒がいても不思議ではありません。

①では，三角形の３つの角が１か所に集まり，三角形がすき間なく直線に並んでいることから，３つの角の和が180°であることがわかります。②は，１つの三角形の３つの角を①と同様１か所に集めて確認しています。③は，分度器による測定で，ていねいに測れば180°を求めることができます。

　しかし，①は直線に並んでいるように見えますが，本当にそうなのでしょうか。これは②でも同じことが言えます。③は仮に測定が正確であったとしても，三角形にはいろいろな形があり，すべてを測ることは不可能です。このように，いずれも**「180°であろう」とわかっただけで，「すべての三角形について断言できる」というところまでは至っていない**のです。

　一方，中学校の証明では，「すべての三角形について断言できる」ことが必要であり，ある事柄が成り立つことを，皆が認めている性質を使って（筋道を立てて）明らかにしていきます。

△ABCの辺BCを延長し，その直線上の点をDとします。また，点Cを通り辺BAに平行な直線をひきます。このとき，
平行線の錯角は等しいので，　　∠a＝∠d…①
平行線の同位角は等しいので，∠b＝∠e…②
つまり，∠a＋∠b＋∠c＝∠c＋∠d＋∠e
∠c＋∠d＋∠eは一直線を分割した角の和なので，三角形の３つの角の和は180°といえます。

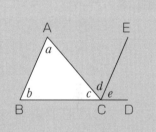

　①も②も既習の性質，つまり皆が認めている性質を利用しています。また特定の角度を使っていないので，一般の三角形でいえたことになります。さらに，３点B，C，Dは一直線上にあるので180°ということも皆が認めている性質を使っています。

　このように，**証明とは，皆が認めている性質を根拠として，筋道立てて明らかにしていくことが求められている**のです。

28

図形 / 図形の調べ方

合同条件を使った証明の進め方がわからない！

問題 右の図は，線分 AB の中点 O で線分 CD が交わっていて，AC∥DB になっています。
このとき，
CO＝DO
であることを証明しなさい。

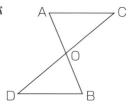

証明 △AOC と△BOD で，
対頂角は等しいから，
　　∠AOC＝∠BOD　　　…①
O は AB の中点だから，
　　AO＝BO　　　…②
AC∥DB で錯角は等しいから，
　　∠CAO＝∠DBO　　　…③
①，②，③から，1 組の辺とその両端の角がそれぞれ等しいので，
　　△AOC≡△BOD
合同な図形では，対応する辺の長さは等しいから，
　　CO＝DO

「どうやったらこんな証明が書けるのかさっぱりわからない…」といった生徒の声をよく耳にします。
　それもそのはずです。それまでの算数や数学では，計算をする，方程式を

解く，表やグラフをかく，作図するといったことが中心で，**文章記述で問題を解決する経験はほとんどしてきていない**からです。言語活動の充実や表現力の育成が重視され，数学でも理由などを記述させる機会は増えてきましたが，本格的な文章記述（証明）はここがはじめてです。

したがって，合同条件を使った証明では，どのようにして考え，どのように記述していったらよいかをていねいに指導していかなければなりません。

合同な図形の性質を確認する

合同な図形では，対応する線分の長さ，対応する角の大きさは，それぞれ等しくなります。線分の長さや角の大きさが等しいことを証明するために，この合同な図形の性質を利用します。

具体的には三角形の合同条件を根拠として，三角形が合同であることを明らかにし，その結果として対応する線分の長さや対応する角の大きさが等しいことを明らかにします。

証明の進め方を押さえる

合同な図形の性質について確認した後，次に実際の例をみながら，合同条件を使った証明の進め方を理解させます。教師にとっては当たり前のことですが，生徒にとっては大切なところです。

ここでは，冒頭の問題を使って証明の進め方を考えてみます。

最初に確認することは，仮定（使える道具）と，結論（導き出したいこと）です。

- ●仮定（使える道具）　　　AO＝BO，AC//DB …ア
- ●結論（導き出したいこと）　CO＝DO　　　　…イ

  そして，アからイを導き出すことを確認します。

  次に，証明の準備として，下の順で考える習慣をつけさせましょう。

① どの2つの三角形が合同といえそうか。

② ①の2つの三角形の辺や角で，等しいのはどこか。

③ ②を踏まえて2つの三角形の合同は，どの合同条件からいえるか。

　合同条件を使った証明では，ほとんどがこの順で考えています。実際に，順に見ていくと次のようになります。

① アからイを導くため，結論にある CO と DO を辺にもつ2つの三角形△AOC と△BOD の合同がいえればよい。

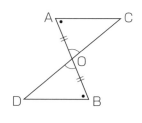

② △AOC と△BOD で，等しいといえる辺や角を見つける（平行線の性質から錯角は等しいことを見つけ出すことがポイントです。ここは教師と生徒のやりとりで導き出しましょう）。

③ ②から「1組の辺とその両端の角がそれぞれ等しいとき，2つの三角形は合同である」という合同条件を使えばよいことに気づかせる。

根拠としてよく使われる図形の性質を確実に覚える

　二等辺三角形の性質についての学習までで，証明の根拠としてよく使われるのは以下のことです。これらはしっかりと覚えておく必要があります。それぞれの内容に対する図もつけて，教室に掲示しておくのもよいでしょう。

- ●**対頂角の性質**
  - ・対頂角は等しい。
- ●**平行線の性質**
  - ・平行な2直線に1つの直線が交わるとき，同位角，錯角は等しい。

●平行線になるための条件
・2直線に1つの直線が交わるとき,同位角が等しければ,その2直線は平行である。
・2直線に1つの直線が交わるとき,錯角が等しければ,その2直線は平行である。

●三角形の内角,外角の性質
・三角形の内角の和は180°である。
・三角形の外角は,その隣にない2つの内角の和に等しい。

●多角形の内角と外角
・n角形の内角の和は,$180°×(n-2)$である。
・多角形の外角の和は360°である。

●合同な図形の性質
・合同な図形では,対応する線分の長さは等しい。
・合同な図形では,対応する角の大きさは等しい。

●三角形の合同条件
2つの三角形は,次の各場合に合同である。
・3組の辺がそれぞれ等しいとき
・2組の辺とその間の角がそれぞれ等しいとき
・1組の辺とその両端の角がそれぞれ等しいとき

記述よりも口頭で

　冒頭の証明は,あくまでも,証明について学習し始めたこの時期に,教師が生徒に見せるものとしてとらえ,生徒が完璧に書けなければいけないものではありません。せめて,三角形の性質についての学習までは,口頭で説明することに重点を置き,合同条件を使った証明の進め方を理解することを中心にしていきたいものです。

㉙

図形　　図形の調べ方

問題の図は代表の図？

問題 凹んでいない五角形の頂点を1つおきにとって星形をつくります。このとき，星のかどをつくっている5つの角の和を求めなさい。

解答 辺BEと平行な線CDをひく。
BE//CDだから，錯角が等しいので，
　∠B=∠BDC…①
同様にして，
　∠E=∠ECD…②
したがって，
　∠A+∠B+∠C+∠D+∠E
=∠A+(∠C+∠ECD)+(∠D+∠BDC)
=∠A+∠ACD+∠ADC
これは三角形の内角の和だから，180°である。
つまり，∠A+∠B+∠C+∠D+∠E=180°

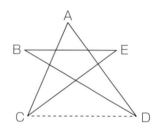

　上の解答は生徒が書いたものですが，どこがおかしいのでしょうか。
　それは，辺BEと辺CDが平行という特殊場合の図をかき，その平行であるということを利用して証明をしている点です。
　CDを結ぶこと自体は可能ですが，それがBEと平行になるかどうかは別問題です。それを自分でかいた図でたまたま平行に見えたので，平行線の性質（錯角）を使って証明してしまったのです。

証明するためにかいた図が，問題の意図するところを過不足なく表した図であるかどうか見極めることは非常に大切なことです。しかし生徒にとってこのことを教師から授業の中できちんと取り上げて説明してもらうことはあまりありません。教師として意識しておきたいことの1つです。

問題に合う図をかく

　そのため，いくつかの教科書では，あえて図をかかず，生徒自身が問題に合う図をかいてから証明をしていくものがみられます。このような問題では，特殊な図をかかないようにしていくことが求められ，問題に合う代表の図をかくことを意識しなければなりません。このことは，**数学の中で読解力を育成していく1つの方法**であるといえます。

　生徒が問題に合う図をかくことで，思わぬ図が出てくることもあります。例えば，次のような問題はどのような図が考えられるでしょうか。

> 平行四辺形ABCDで，対角線の交点Oを通る直線をひき，
> 2辺AD，BCとの交点を，それぞれP，Qとします。
> このときOP＝OQとなることを証明しなさい。

　通常はアのような図が考えられるのですが，条件を多少緩めれば，イのような図も考えられます。このように，**問題に合う図が1つだけでないことも経験させたい**ものです。

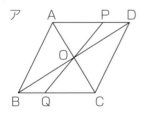
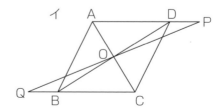

二等辺三角形の性質の証明，どこがいけないの？

問題 二等辺三角形の2つの角は等しいことを証明しなさい。

証明 ∠Aの二等分線をひき，BCとの交点をDとする。
△ABDと△ACDで，
仮定より，
　　AB＝AC　　　…①
ADは∠Aの二等分線だから，
　∠BAD＝∠CAD　…②
△ABCは二等辺三角形だから，
　∠B＝∠C　　　…③

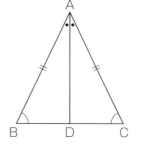

①，②，③から，1組の辺とその両端の角がそれぞれ等しいので，
　△ABD≡△ACD
合同な図形では対応する角が等しいので，
　∠B＝∠C

　この学習をしているときに，上で示したように一つ一つていねいに理由をあげて証明することができる生徒はまだ少ないと思いますが，このような趣旨の証明をする生徒が結構います。この証明は間違っているのですが，当の本人はどこが間違っているのかわからないということが多いのです。そういった生徒にとって，証明文の中の③，「二等辺三角形の2つの角は等しい」ことは小学校でも学習して，わかりきったことなので，証明を進める途中で

使ってしまったのです。つまり，結論を使って証明していることになります。

使える道具（仮定）と導き出したいこと（結論）を区別する

　上のような誤りを防ぐためには，使ってよい道具，つまり仮定と，導き出したいこと，つまり結論との区別をはっきりさせることが大切です。

　そのためには学級全員の生徒に，仮定にあたる部分に青色の印を，結論にあたる部分に赤色の印をつけさせることをおすすめします（もちろん他の色で統一してもかまいません）。

　要は，**結論に当たる赤色の部分を証明文の中で根拠として使ってはいけないということを視覚的にもわかるようにしておく**ことです。また，青色の印がつけられている部分が根拠として使えることも明確になり，今までに証明された性質を上手に用いて証明を組み立てていくことに集中することができるようになります。

　すでに知っていることをうっかり使ってしまう例としては，他にも次のようなものがあります。

　「二等辺三角形の２つの角は等しい」ことを証明するのに，「底辺の垂直二等分線をひき，底辺との交点をＤとする」という例です。「３組の辺がそれぞれ等しい」という合同条件を使って証明しているのです。

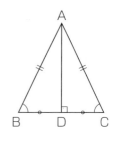

　結果的には底辺の垂直二等分線が頂点Ａを通るのですが，証明する段階では頂点Ａを通るという保証はありません。二等辺三角形についての知識が邪魔をして，そのことに気づかないで証明をしてしまったのです。

　この時期の証明は**与えられた道具だけで推論することを意識するように指導することが大切**です。

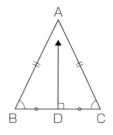

㉛ 平行四辺形の性質を使ってかいた図，どこがいけないの？

図形 / 図形の性質と証明

> **問題** 次のような四角形 ABCD をいろいろとかいてみよう。
> どんな四角形になるでしょうか。
> AB＝DC＝3cm，
> AD＝BC＝4cm
>
> B ―――― C

　この問題は，「平行四辺形になる条件」を学習する際に導入としてよく用いられています。この問題を読んだ生徒のほとんどは「平行四辺形です」と答えることでしょう。そう答えた生徒にその理由を質問すると，「平行四辺形の向かい合う辺は等しいから」と説明します。

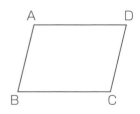

性質と条件の混同

　上のように答えた生徒は，「2組の向かい合う辺がそれぞれ等しい四角形は平行四辺形である」という条件と，性質が一緒になってしまっているのです。そう考えるのも無理はありません。平行四辺形については，小学4年でも学んできていますが，そのときは性質とか条件ということに対して厳密に区別はしていないのです。**生徒にとっては，区別する必要もなく，むしろ「なんで区別しなければいけないの？」と疑問を感じていることさえある**の

です。このような生徒の疑問を解決していかないと，冒頭の問題のねらいは達成することはできないでしょう。

　ところが，私たち数学教師は，性質と条件をまったく別のものとして区別することが当たり前で，生徒と教師の認識には大きなギャップが存在するのです。したがって，生徒が素朴に疑問に思っていることに寄り添い，そこから一歩先を行く学習をするのだということを示していきたいものです。**一度小学校の教科書をのぞいてみるとよいでしょう。**

「逆向きに考える」という見方をもつ

　冒頭の問題でいろいろな四角形をかくことにより，**平行四辺形になりそうだという予想が立つことを教師が主導で話をしていくことが必要**です。なぜなら，生徒は最初から平行四辺形であると思い込んでいるからです。しかし，「2組の向かい合う辺がそれぞれ等しいという条件をもつ四角形」が，平行四辺形の定義である「2組の向かい合う辺がそれぞれ平行である」ということをいえるのかどうか，それを調べることがここでのねらいです。このことを明確に伝えていくようにしましょう。そのためにも，**記号を使って簡潔に表した命題を示すと効果があります**。つまり，

　「四角形 ABCD で，AB＝DC，AD＝BC ならば，
　　AB//DC，AD//BC である」

を証明するということです。そして証明し終わった後，これは平行四辺形の性質「四角形 ABCD で，AB//DC，AD//BC ならば，AB＝DC，AD＝BC である」の逆の証明になっていることを押さえ，「他の性質についても逆を考えよう」と強調して伝えることが大切です。

　数学を学習する際，「A から B がいえたけど，その逆の B から A はいえるかな？」と「逆向きに考える」ことはとても大切なことです。この見方をいつでもどこでも意識して指導にあたるようにすることで，やがては生徒自身がその目で数学を見ることにつながっていくのです。

32

図形　図形の性質と証明

「長方形はすべて平行四辺形である」って，何が言いたいの？

問題 長方形の対角線の長さは等しいことを証明しなさい。

証明 四角形 ABCD は長方形だから，
　　∠A＝∠B＝∠C＝∠D＝90°
このことより，
　　∠A＝∠C，∠B＝∠D
2 組の向かい合う角の大きさが
等しいので四角形 ABCD は，
平行四辺形といえる。
また，△ABC と△DCB で，四角形 ABCD は平行四辺形だから，
　　　AB＝DC　　…①
　　　BC は共通　…②
仮定より，
　　　∠ABC＝∠DCB …③
①，②，③より，2 組の辺とその間の角がそれぞれ等しいので，
　　　△ABC≡△DCB
合同な図形では対応する辺が等しいので，
　　　AC＝DB

　上の証明は，長方形の対角線の長さは等しいことをきちんと証明しています。これで間違いはないのですが，「長方形はすべて平行四辺形である」と

いうことを使うと，もう少し簡潔に証明を進めることができるのです。

一度証明した事柄は改めて証明する必要はない

　証明の前半は「長方形はすべて平行四辺形である」ということを証明しているのですが，このことはすでに学習済みです。長方形は「4つの角がすべて等しい四角形」と定義されることを確認しています。ということは，「長方形は2組の向かい合う角がそれぞれ等しい」ということになります。したがって，長方形はすべて平行四辺形であるということがいえているのです。
　このことから，証明の前半部分は必要ないということになり，次のように簡潔にまとめることができます。

長方形はすべて平行四辺形である。
△ABCと△DCBで，
四角形ABCDは平行四辺形だから，
　　　AB＝DC　　…①
　　　BCは共通　　…②
仮定より，
　　　∠ABC＝∠DCB…③
①，②，③より，2組の辺とその間の角がそれぞれ等しいので，
　　　△ABC≡△DCB
合同な図形では対応する辺が等しいので，
　　　AC＝DB

　このように，**長方形を平行四辺形の特別なものとみることによって，平行四辺形の性質を長方形の性質にそのまま使うことができます**。「…とみる」という手法は，ひし形や正方形についても同様に使うことができ，証明を簡潔に行うことができたり，解決できることが増えたりします。

「同様に確からしい」ってどういうこと？

> **問題** 2つのさいころを同時に投げるとき，同じ目が出る確率を求めなさい。ただし，さいころを投げるとき，1から6までのどの目が出ることも同様に確からしいものとします。
>
> **質問** このように，確率の問題には，よく「同様に確からしい」って書いてあるけれど，なぜいちいち書いているの？

　確率の問題を扱っているとき，多くの生徒が疑問に感じる部分です。「同様に確からしい」という言葉に対して，「『…らしい』というあやふやな言葉が使われているのは数学らしくないな…」「『同様に確かである』といった方がすっきりするのに…」と生徒はいろいろな疑問をもちます。

「同じ程度に期待してよい」と言い直すことができる

　「同様に確からしい」という言葉を他の言葉で言い直すとすれば，「同じ程度に期待してよい」となるでしょう。つまり，さいころを投げて1の目の出る確率を求めるとき，次のように考えましょう，ということです。
①さいころを投げるとき，目の出方は1，2，3，4，5，6の6通りある。
②どの目が出ることも同じ程度に期待してよい。
③1の目の出る場合は，1通りである。

④したがって，1の目が出る確率は，①と③から$\frac{1}{6}$である。

「同じ程度に期待してよい」以外にも，「同じ程度に期待される」などという説明があるので，一本化して「同様に確からしい」という言い方を使っています。

しかし，それでも納得できないという生徒もいるはずです。その場合，**同様に確からしくない場合について触れて説明する**とよいでしょう。

計算で確率を求められる日常の事柄はわずか

私たちは経験上，1枚の硬貨を投げたときに表の出方と裏の出方は，どちらも同じ程度に起こり得るとしています。サッカーの試合のはじめのコイントスがこのあらわれです。つまり「同様に確からしい」といえます。

では，来年の8月に，①東京都で雪が降る，②東京都で雪が降らない，という2つの事柄は「同様に確からしい」といえるでしょうか。

8月の平均気温が25度を超える東京都で，しかも地球の温暖化ということも問題になっているくらいですから「雪が降る」「雪が降らない」というのは明らかに「同様に確からしい」とはいえません。雪が降ることはまったく起きないと断言はできませんが，ほとんどあり得ません。

このように，同様に確からしいといえない事柄については，確率を計算で求めることはできません。問題文で，「…は同様に確からしいものとします」という文言が書いてあるのは，「どの事柄も同じ程度に期待してよい」から，計算で場合の数の割合として確率を求めてよい，ということにつながっているのです。

生徒に確率を計算で求めさせるときには，**場合の数を数えるとき，どの起こり方も「同様に確からしい」という前提があるのだということを強調しておく必要があります**。計算で求めることができるのは，日常で起きる事柄のうちほんのわずかであるからです。

34 数と式 / 多項式

どうやって計算方法を説明すればいいの？

> **問題** 十の位の数が同じで，一の位の数の和が10である2数の積は，次のように求めることができます。
>
> $$\begin{array}{r} 24 \\ \times 26 \\ \hline 624 \end{array} \qquad \begin{array}{r} 32 \\ \times 38 \\ \hline 1216 \end{array} \qquad \begin{array}{r} 43 \\ \times 47 \\ \hline 2021 \end{array} \qquad \begin{array}{r} 68 \\ \times 62 \\ \hline 4216 \end{array}$$
>
> これらには，共通した簡単な計算方法があります。
> ❶ どのように計算しているか説明しましょう。
> ❷ ❶のことがいえるわけを，文字を使って説明しましょう。

　中学校3年間の文字式の計算の集大成として，上のような，ある条件のもとに速く計算できる仕組みを明らかにする問題がありますが，生徒にとって手がつけにくい問題でもあります。それはなぜでしょうか。

　1つには，いくつかの例から共通した性質を見つけ出すということをねらった問題ですが，どのようにしたら見つけ出すことができるのかわからないからです。

　もう1つは，見つけた性質が本当に正しいかどうかを，文字式を使って説明するとき，どのように手をつけてよいかわからないということです。

　多くの生徒が独力で簡単に解決することができる問題ではありませんが，何らかの工夫をしていくことによって，少しでも生徒の力でこれらを解決することができるようにもっていけたら，生徒にとって大きな自信につながるのではないでしょうか。

学級全体でアイデアを出し合い，きまりを見つける

　❶の問題のように，いくつもの例の中から帰納的にきまりを見つけ出すというのはそう簡単なことではありません。個人で考えていたなら，なおさら難しく感じることでしょう。

　しかし，一人で考え出すことが困難だとしても，何人かの班で考えればよい案が見つけ出せるかもしれません。三人寄れば文殊の知恵です。ああだこうだやっていくことによって，徐々によいアイデアが生まれてくるものです。

　しかし，それ以上に効果のある方法があります。それは学級全体でアイデアを出させるのです。「なんだ，そんなことなら普段の授業と変わらないじゃないか」と思われるかもしれませんが，ちょっとした工夫があります。**計算問題を一度にすべて見せてしまうのではなく，教師が１題ずつ問題を板書し，すぐさまその答えを書いていく**のです。あまりスピードをつけて書かない方がよいと思います。生徒はあらかじめ問題とその答えを用意していると思うかもしれません。そこで，「十の位の数が同じで，一の位の数の和が10である２数の積」にあてはまる問題を，生徒から１題出題してもらうのです。これなら，教師が答えを覚えてきているということにはなりません。しかも，どのような条件が必要なのかも再確認できます。２題くらいやって見せても，どのように計算しているのかは見抜くことができません。しかし，「この段階で，もうどうやって計算しているか見抜けた人はいるかな？」と全体に問いかけるのです。だれもいません。同じようにして，３題，４題と進めていくうちに，ちらほらと，「こうではないかな」という生徒が出始めます。でも，すぐに指名することなく，その生徒には「早いねえ。でもちょっと待っていてね。他の人はまだ考えているから」とその生徒を大いに認めながらも，他の生徒が気がつくまで発表を控えさせます。５題，６題くらいになると，結構上がってくるものです。

　おもしろいことに，筋道立てて説明することは苦手でも，ひらめきが鋭い

という生徒がいます。また，普段なかなか脚光を浴びることがない生徒もいます。そういった生徒に目をつけておいて，ぜひ発表してもらいましょう。学級の3分の1くらいになったら発表してもらいます。このとき，拙い発表かもしれませんが，**教師が直接助言するのではなく，「言っていることがよくわからない」という姿勢で，ほかの生徒の手助けを促します。**このようにして，学級全体で取り組んでいるという雰囲気を演出することがコツです。ああだ，こうだと意見が出てきます。そして，よりよい発表に変わっていくのです。「答えの下2けたは，問題の一の位どうしの積である。百の位以上は，問題の十の位の数とそれより1大きい数の積にする」とまとめます。そう言いながら，一つ一つの問題がそうなっていることを確かめることが大切です。

「24×26は下2けたが4と6で4×6＝24，百の位以上は問題の十の位の2とそれより1大きい3との積，2×3＝6。つまり624になります」

生徒はこの他に条件に合う2数の積をそれぞれがつくり出し，速算法で計算してみます。このとき，答えを確かめるのに電卓を使わせるとよいでしょう。ある種の驚きをもち，目を輝かせて取り組むことでしょう。そして教師は，まだよく理解していない生徒に注意を払うことが重要です。そのような生徒がいた場合，理解できている生徒に説明させるのです。まさに，助け合い学習の成立が期待できます。

都合のよい式変形をする

❶の問題は，「こう計算すればよい」ということがわかっただけで，なぜそうできるのかは説明できていません。そこで，❷の問題に入っていくわけです。帰納的に導き，それを演繹的に明らかにするのです。

「条件に合うたくさんの問題で確かめ，すべて成り立ちました。でも，『どんな場合でも成り立つ』とはまだいえていません。そこで文字を使って説明してみましょう」といいながら，条件に合う2数の積を文字で表します。

1つの数を$10x+a$，もう1つの数を$10x+b$で，$a+b=10$とすることを確

認し，考えていきます。このときに，「xの役割（同じ数であるということ）」「$10x$は十の位の数がxであること」「一の位の2数は和が10，つまり$a+b=10$と表現できること」などを生徒とやりとりをしながら一つ一つ確認していきます。仮定にあたる部分で疑問が出てしまってはその先に進めなくなるからです。

$$(10x+a)(10x+b)=100x^2+10bx+10ax+ab$$

ここまではできても，その先になかなか進めない生徒が結構います。このとき，結論はどうなればよいのかを聞いていきます。

「答えの下2けたはどんな形になればいい？」「ab」

「百の位以上はどんな形になればいい？」「$x(x+1)$」

「$a+b=10$ってどんなところに効いてくるのかな？」…

などとやりとりしていくことによって，先が見えてきます。教師がどんどん式変形をしていくのではなく，「結論でいいたい式は？」→「そのためにはどんな式が出てくればよいか？」…のように，**ときには黒板の下の方から書いたりして，行ったり来たりすることが生徒の思考を大いに助けることになる**のです。このときのテーマは，**「都合のよい式変形をする」**ということです。

$$\begin{aligned}(10x+a)(10x+b)&=100x^2+10bx+10ax+ab\\&=100x^2+10(a+b)x+ab\\&=100x^2+100x+ab\\&=100x(x+1)+ab\cdots①\end{aligned}$$

これらの式は，部分的に因数分解をしています。まさに自分の都合のよい式変形をしているのです。また，①は，$100(x^2+x)+ab$ という式変形も考えられます。この式変形は「百の位以上は問題の十の位の数の2乗に，十の位の数を加えた数」と解釈できることを確認し，そのように考えていた生徒に手をあげてもらいます。このようにして，**生徒の考えを認める場をできるだけ多くつくりましょう**。「都合のよい式変形」ということを意識することによって，式変形にもかなりの自由性があるということを強調したいところです。

数と式　平方根

無理数ってどんな数なの？

> **教科書** 整数 m と，0 でない整数 n を使って，分数 $\frac{m}{n}$ の形に表される数を有理数といいます。
> 有理数でない数を無理数といいます。

　無理数について，教科書にはおおよそこのように書かれています。または，最後の一文の代わりに，「分数では表すことができない数を無理数といいます」としているものもあります。

　もちろんこのままではわかりにくいだろうということで，具体的な数をいくつか示して理解を深めようとしています。その例として平方根があり，身近で実在する平方根として面積が 2cm² の正方形の 1 辺の長さが √2 cm であることをあげたりしています。

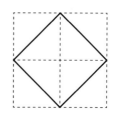

　しかし同じ根号がついた数でも，√9 は整数になってしまいます。このため，生徒にとってますます無理数が得体のしれないものに映ってしまいがちです。だからといって，無理数について詳しく知らせるために教科書のページを割くわけにもいきません。生半可な説明をして生徒にとって余計わかりにくいものにしてしまっては元も子もなくなってしまうからです。

　ここでは，どのように説明したらわかりやすいか，その説明を支える話としてどのようなものを用意しておけばよいのかを以下に記すことにします。

分数で表すことができれば有理数，そうでなければ無理数

有理数の定義をもう一度見てみましょう。

「整数 m と，0でない整数 n を使って，分数 $\frac{m}{n}$ の形に表される数を有理数といいます」

整数2は，$\frac{2}{1}$ と分数の形に表されます。一般に，整数 m は，$\frac{m}{1}$ と分数の形に表されますから有理数です。もちろん，0.25も $\frac{1}{4}$ のように分数の形に表されますから有理数です。$\sqrt{4}$ も，$\sqrt{4}=2$ なので，有理数です。

一方，$\sqrt{2}$ は分数で表せないことがわかっています（後述参照）。（$\sqrt{2}$ のように）分数で表すことができない数を無理数といいます。まとめると，分数で表すことができれば有理数で，表すことができなければ無理数です。

これらの数をまとめると，次のようになります。

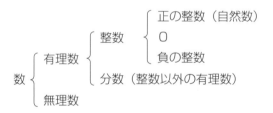

$\sqrt{2}$ は分数で表されないことの説明

分数は，すべて既約分数（つまり，それ以上約分ができない分数）で表すことができます（例えば，$\frac{30}{21}$ という分数は，3で約分できて $\frac{10}{7}$ という，それ以上約分できない分数に表せます）。

そのような（既約）分数の2乗は，（例えば，$\left(\dfrac{10}{7}\right)^2=\dfrac{10}{7}\times\dfrac{10}{7}$）すでに約分しきっていますから，これ以上は約分できないので，既約分数です。つまり整数になることはありません。だから分数は2乗して2（という整数）になることはありません。したがって，$\sqrt{2}$は分数に表すことはできないことがわかりました。$\sqrt{2}$は分数の形に表されないことの厳密な証明は，p.126〜p.127（三平方の定理）で紹介しているので，参考にしてください。

小数で表した有理数と無理数

　これまで，無理数を分数という面からみてきました。これを今度は小数という面からみていきましょう。

　分数を小数で表現しようとしたとき，どのような特徴があるでしょうか。

　分数を小数に直すと，$\dfrac{1}{4}$や$\dfrac{1}{5}$のような分数は0.25や0.2といったように，わり切れて有限小数になる場合と，$\dfrac{1}{3}$や$\dfrac{10}{37}$，$\dfrac{12}{55}$などの分数のように，0.3333…，0.270270270…，0.2181818…と，わり切れず無限に続く小数，つまり無限小数になる場合の2通りあります。

　この無限小数をよくみると，数字の並びが繰り返されていることがわかります。繰り返されている部分の最初と最後の数字の上に・をつけて表すと，次のようになり，これらを循環小数といいます。

$\dfrac{1}{3}=0.\dot{3}$　　　$\dfrac{10}{37}=0.\dot{2}7\dot{0}$　　　$\dfrac{12}{55}=0.2\dot{1}\dot{8}$

　つまり，有理数は有限小数か循環小数になるということがわかります。

　これに対して，無理数は有理数でない数ということだったので，循環しないで限りなくつづく小数であるといえます。

　これらのことをまとめると，次のようになります。

```
有限小数 ……………………………  ⎫
                                  ⎬ 有理数
無限小数 ⎰ 循環小数 ………………  ⎭
        ⎱ 循環しない小数 ………   無理数
```

非循環小数

　$\sqrt{2}$ は小数で表すと 1.414213562373… と限りなく続き，しかも循環しない数であることがわかっています。π も同様です。しかし，「どこかで循環するのでは」などという不安が起こるのも無理はありません。では，小数部分の数字が決まった順序で限りなく繰り返すことがない，ということが保証できる小数はつくれるのでしょうか。例えば，0.1234567891011121… という小数がそうです。これは，小数部分を自然数 1，2，3，4，5，6，7，8，9，10，11，12… を順に並べ，小数部分をつくり出した数です。これなら循環しないということがわかりますね。他にもつくってみましょう。

新しい概念の獲得には時間がかかるもの

　前にも記しましたが，生徒にとって新しい概念をつかむということは至難の業です。いえ，これは生徒に限ったことではありません。大人になっても新しい概念を獲得するには，いくつもの具体的な例を基にして共通性を見いだし，自分にとってよりどころとなる判断ができる必要があります。したがって，**冒頭の無理数の定義について具体例でいくつか示しながら，その周辺のことについて知らせていくことが正道**であると思います。数学の発達の歴史から考えても，概念は時間をかけて獲得できるものだと考えて指導にあたれば，特に生徒が悩む部分に共感しながら進めることができるのではないでしょうか。

$\sqrt{2}+\sqrt{3}$って，これ以上計算できないの？

教科書 根号を含む式の加法と減法

$3\sqrt{2}+5\sqrt{2}$のように，$\sqrt{}$の中が同じときは，$3a+5a=8a$と同じように考えて，以下のようにまとめることができます。

$3\sqrt{2}+5\sqrt{2}=(3+5)\sqrt{2}=8\sqrt{2}$

一方，$\sqrt{2}+\sqrt{3}$はこれ以上簡単にできない1つの数です。

おおよそ教科書には上のように書かれています。前半の文字の式と同じように計算することができることについては，ある程度の生徒は納得します。

しかし，後半の部分については，なかなか納得することができないのです。

根号を含む式の加法と減法の学習の前には，根号を含む乗法と除法について学習しています。そのときには，例えば，$\sqrt{2}\times\sqrt{3}=\sqrt{2\times3}=\sqrt{6}$のように根号がついていても，ついていないときと同じように数の部分どうしの積を求めて根号をつければよかったのです。

ところが加法のとき，例えば，$\sqrt{2}+\sqrt{3}$は$\sqrt{2+3}=\sqrt{5}$としてはいけないといわれ戸惑う生徒が多くみられます。また，$\sqrt{5}$どころか，$\sqrt{2}+\sqrt{3}$はこれで1つの数だということに納得がいかないようです。$2+3=5$となるのと同じようにして，何か1つの平方根で表せないのかと考えてしまうのです。

$\sqrt{2}+\sqrt{3}$が$\sqrt{5}$にならない理由

中学3年ですので，いろいろな考えるアイテムをもっています。それらを

駆使して自ら考える時間を与えるようにするとよいでしょう。**最初一人で考えさせた後，班で検討し合う時間をとるとよい**のです。
　生徒が考える材料として次のようなものが挙げられます。
①近似値を使って確かめてみる
　$\sqrt{2}=1.414\cdots$，$\sqrt{3}=1.732\cdots$から，$\sqrt{5}=2.236\cdots$と$\sqrt{2}+\sqrt{3}$を比較します。
②平方根の定義と照らし合わせてみる
　$\sqrt{a}$は，2乗するとaになる正の数であることから，$\sqrt{5}$と$\sqrt{2}+\sqrt{3}$をそれぞれ2乗して比較します。
③面積図を使って確かめる
　1辺の長さが$\sqrt{2}$，$\sqrt{3}$，$\sqrt{2}+\sqrt{3}$である正方形の面積を表す図を右のように組み合わせて比較します（$\sqrt{5}$を1辺とする正方形の面積は5であり，右の図の中に5の面積があることを押さえます）。

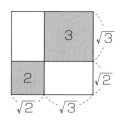

$\sqrt{2}+\sqrt{3}$が何か1つの平方根で表せないか考える

　ここは，教師から次のように説明をして理解を得る程度でよいと思います。
　$\sqrt{2}+\sqrt{3}$が何か1つの平方根mで表せたとします。
　つまり，$m=\sqrt{2}+\sqrt{3}$となります。この等式の両辺を2乗すると，
　$m^2=(\sqrt{2}+\sqrt{3})^2$
　$m^2=5+2\sqrt{6}$
　1つの平方根を2乗したら有理数になるはずですが，無理数のままです。つまり，1つの平方根で表すことはできないということになります。
　また，右のようにして$\sqrt{2}+\sqrt{3}$が1つの数を表していることを示すのもよいでしょう。

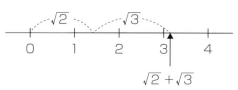

なぜ解が問題の条件に合うか確かめないといけないの？

問題 大小2つの整数があります。
その差は5で，積は24です。2つの整数を求めなさい。

解答 小さい方の整数を x とすると，大きい方の数は $x+5$ と表される。
2つの整数の積が24であるから，
$$x(x+5)=24$$
$$x^2+5x-24=0$$
$$(x-3)(x+8)=0$$
$$x=3, \quad x=-8$$
$x=3$ のとき，大きい方の整数は $3+5=8$
$x=-8$ のとき，大きい方の整数は $-8+5=-3$

答え　3と8，-8と-3

　方程式を利用して問題を解くことは，1，2年で学習しています。その際，解が問題に合っているかどうかを調べることを注意されています。しかし，方程式の解がそのまま問題の答えになることが多く，慣れてくるにしたがって，解が問題に合っているかどうかを調べることは形式的になりがちです。

　冒頭の問題でもそうです。3と8は差が5で積が24になっているし，-8と-3も差が5で積が24になっています。「なぜ解が問題に合っているか確かめないといけないのだろう」という気持ちを強くもつ生徒が少なからずいることは確かです。

方程式を利用して問題を解く手順

　1年で方程式を利用して問題を解決する手順を，次のようにまとめました。
①問題の中の数量に着目をして，数量の間の関係を見つける。
②まだわかっていない数量のうち適当なものを文字で表し，方程式をつくる。
③つくった方程式を解く。
④方程式の解が問題に合っているかどうかを調べる。

　このうち，④が二次方程式の利用では重要になってきます。冒頭の問題でも，もし「大小2つの整数」という部分が「大小2つの自然数」となっていたら，手順④を確実に実行して−8と−3という答えはこの問題に適していないことを見抜かなければならないのです。

方程式の解が問題に合っているかどうかを調べる観点

　　時間・場所・数量・思考範囲・基準等をこえていないか調べよう。
（例）
●家と学校の間を考えているとき，それを越えた場所になっていないか。
●ものの個数や自然数を考えているとき，小数や負の数など，自然数以外の数が解となっていないか。
●限定された重さや長さ等を考えているのに，それを超えた結果になっていないか。

　特に，$6-3\sqrt{5}$のように**解に根号が含まれる場合には，その解が問題に合っているかどうかを調べるために，およその値を求めなければなりません。**この場合は，およそ−0.7となり負の値になることがわかります。気をつけなければならない数値です。

数と式 / 二次方程式

動点と面積の問題がわからない！

問題 1辺が8cmの正方形ABCDがあります。点Pは，秒速1cmで辺BC上をBからCまで動きます。また点Qは点Pと同時に点Cを出発し，辺CD上を同じ速さで動きます。△PCQの面積が6cm²になるのは，点P，Qが出発してから何秒後か求めなさい。

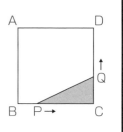

　正方形の辺上を2つの点が動いていくとき，それにともなって変わる面積がある値になるのは何秒後になるのか求める問題です。

　動点と面積の問題を難しいと感じている生徒は大変多くいます。その原因は，三角形の底辺と高さにあたる長さが動かなければ計算して求めることができるのに，秒速1cmで動いてしまうため，長さがどのようにしたら決まるのかがわからないのです。また，問題文を読んでどのような条件があるのか理解し，数量関係について把握することが苦手な生徒も少なくありません。

問題を把握するために，問題場面について話し合う

　問題場面の図について，どのような状況になっているのかをそれぞれで考えさせた後，班で，あるいは学級全体で話し合うことで，一人では問題を理解できないで苦しんでいる生徒を引き上げていくことができます。

　特に，理解できていない生徒が理解できるよう，生徒どうしで説明する場

面を設けることが，問題を理解させるうえで有効な方法になります。わかっていると思っていた生徒でも，友だちに説明するとなるとなかなかうまくいかないこともあり，**相手に理解してもらおうといろいろ工夫する中で，より深い理解に至ることが期待できます。**

問題場面を図に表す

　このタイプの問題では，たいてい問題文に図が添えられています。しかし，それは代表的な1つの図でしかありません。点が動いていくということは，三角形の形も刻々と変わっていきます。そこで，スタート直後，何秒かたったとき，ゴール直前…のように，いくつかの場面を図にかかせてみましょう。

　また，点が動いていく様子を **ICT機器を使って見せることも，大変効果的**です。デジタル教科書に関連するソフトがついていれば，それを活用しましょう。また，パワーポイントで1秒ごとに点が動いたときにできる三角形の形を1枚の画面にかき，それを6秒後まで用意するのでもよいでしょう。スライドショーにして1秒ごとにクリックして見せれば，変化の様子をとらえられる立派な動画になります。

底辺と高さを先に求める

　「三角形の面積の公式は，『$\frac{1}{2}$×底辺×高さ』です。x秒後の底辺はどんな式になるかな？」（$(8-x)$cm）

　「では，x秒後の高さはどんな式になるかな？」（$x$cm）

　このように，底辺と高さをそれぞれ求めたうえで，$\frac{1}{2}×(8-x)×x=6$という方程式をつくります。一気に方程式をつくろうとする生徒がいますが，**一つ一つていねいに式を書いていくことがつまずきを防ぐポイント**です。

39

 関数　関数 $y=ax^2$

関数 $y=ax^2$ と一次関数の「変化の割合」は意味が違うの？

> **教科書** ❶一次関数 $y=ax+b$ では，変化の割合は一定で a に等しい。
>
> $$変化の割合 = \frac{y の増加量}{x の増加量}$$
>
> ❷一次関数 $y=ax+b$ の変化の割合 a は，そのグラフでは，直線 $y=ax+b$ の傾きぐあいを示しているとみることができる。a をこの直線の**傾き**という。

　変化の割合に関して，2年の教科書ではおおよそ上のように書いています。
　❶は，変化の割合の意味を理解した後，一次関数について変化の割合を調べ，$y=ax+b$ では，いつでも a に等しい，とまとめています。
　また❷は，一次関数 $y=ax+b$ の変化の割合 a をグラフからみると，この値によって直線の傾きぐあいが決まってくる，とまとめています。
　このことから，どんな関数でも変化の割合＝a であると考えてしまう生徒がいます。これは，一次関数の変化の割合が a と一致するということはよく覚えていても，では一般に，「その変化の割合とはどのようなもの？」とか，「グラフでは変化の割合はどのような意味をもっているの？」といった質問には明確な答えが返ってこない生徒が多いことからもわかります。

表やグラフを用いて一次関数と比較する

　関数の学習では，2つの数量間の変化や対応の様子をとらえることをねら

いとしてきました。その道具として，表，式，グラフがあり，部分的な変化の様子をとらえるために，変化の割合というものを使ってきました。

　この変化の割合のもつ役割は，表とグラフからとらえてみることによってより明確になります。

　まず，表ですが，xの値が0から1まで増加したときのxの増加量に対するyの増加

x	…	-2	-1	0	1	2	…
y	…	4	1	0	1	4	…

量の割合を求めると，1になります。また，xの値が1から2まで増加したときのxの増加量に対するyの増加量の割合は3となり，変化の割合が変わっていることがわかります。このようにして，xの増加量に対するyの増加量の割合を調べていくと，その値はそれぞれ異なります。このようにして調べていく中で，「変化の割合の変化の仕方」にも特徴があることに目を向けさせていくとよいでしょう。

　グラフからみると，上に示した値の変化は，右のように$x=0$から右へ1進み上へ1進んだ点，$x=1$から右へ1進み上へ3進んだ点となり，これらはその地点でのグラフの傾きぐあいを表しています。

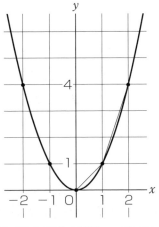

　変化の割合について学習するのは2年ですが，上に述べたことはいずれも$y=x^2$についてです。**関数$y=ax^2$の変化の割合と一次関数$y=ax+b$の変化の割合を比較することで，変化の割合そのものがより明確になります。**

　一次関数の表では，xの増加量に対するyの増加量の割合が常に一定であることがわかり，それは$y=ax+b$のaの値になっていました。また，一次関数のグラフは常に傾きが一定であり，直線でした。

　このように比較してみると，一次関数の変化の割合が特別なものであるという見方もできます。

④⓪ 関数　関数 $y=ax^2$

関数 $y=ax^2$ の変域に関する問題がわからない！

問題 関数 $y=x^2$ について，x の変域が $-2 \leq x \leq 4$ のとき，y の変域を求めなさい。

解答 $x=-2$ のとき，$y=(-2)^2=4$
$x=4$ のとき，$y=4^2=16$
したがって，y の変域は $4 \leq y \leq 16$

2年で学習した一次関数のグラフは，右上がり，右下がり，または水平な直線でした。したがって，一次関数の利用の問題では，x，y の変域に制限があるグラフを考える場合でも，変域の両端の値に注目すれば，x の変域に対する y の変域を機械的に求めることができました。

そのために，関数 $y=ax^2$ についても同様に処理してしまう生徒が多く出るのも無理はないのです。

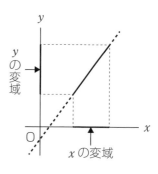

誤答の原因を追究する

機械的に変域を求めてしまうことを避けるためにも，まずは生徒に上の問題を自力で解くことに挑戦させます。その後，解答のみを生徒に示して考える時間を与え，なぜ間違えてしまったのか，誤答の原因を追究させるのです。

ただし，自力で解決する時間をあまり多くとる必要はありません。その後，

近くの友だちと検討し合う時間をとります。そうすることによって，徐々に正しい解決の方法を導き出すことができるようになっていきます。

グラフをかいた後で変域について考えよう

この問題の指導の過程は，おおよそ以下のような流れになります。

① x の変域がすべての数にわたる場合のグラフをかく。
　最初に，関数のグラフを把握する意味で，グラフの全体像をかくことで，放物線であることを再認識させます。この作業を必ずさせるようにすることが大切です。
② ①のグラフの x 軸上に，問題で示された x の変域をとる。
③ ②の範囲を上下させ，グラフとぶつかったところから水平上に動かし，y 軸との交点を求める。
④ x がとる値によって，y の値が y 軸上をどのように変化するか，グラフ上で確認する。
⑤ ④の動いた範囲で最も小さい値と，最も大きい値に着目する。

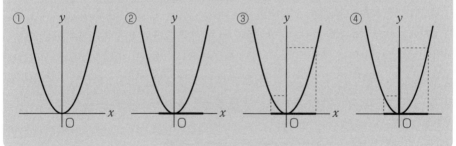

これ以外に生徒がつまずきやすい部分として，x の変域が「≦」だけでなく，「＜」で表されている場合があります。これは，グラフ上に黒丸（●），白丸（○）をかき込ませることによって，その点を含めるのか含めないのか目で確認しやすくなります。

㊶

図形　図形と相似

対応する辺がわからない！

問題 右の図△ABCは，AB=2cm，AC=4cm，DC=3cmです。BC=4cmであるとき，BDの長さを求めなさい。

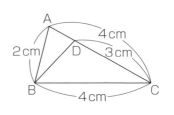

三角形の相似に関する問題です。相似であれば，「対応する角の大きさがそれぞれ等しい」「対応する辺の長さの比がすべて等しい」という性質がありますが，線分の長さを求めるので，辺の比を利用するという方針が立ちます。

生徒は具体的にどのように考えるでしょうか。ここでは△ABD，△DBC，△ABCの3つの三角形を見つけることができます。しかし，相似の関係にある三角形がどれなのか，またどの頂点どうし，あるいはどの辺どうしが対応するのかを見つけ出すことに困難を感じます。この図のように，三角形が重なっている場合，頂点の対応で混乱する生徒が特に多くみられます。

角を大きい順に対応をつけ，表記する

①等しい角を探す。
②2つの三角形の角をそれぞれ大きい順に対応をつける。

この2つは，相似の問題を解いていくときに効果的な方法です。辺の長さしか情報がない場合①は使えませんが，多くの問題では角の大きさが少なくとも1つは与えられています（共有している角だったり，仮定として与えられていたりします）。この方法には，**対応する頂点が明確になる**という大きな特徴になります。

　そして，②のように対応順に取り出し，表記することが大切です。そうすれば，その後**機械的に対応する辺や角を見つけ出すことができる**からです。

　例えば，冒頭の問題で△ADBをア，△ABCをイとし，この2つの三角形が相似であるとします。アとイを対応順に表記しておくことによって，アの∠Aがイの∠Aに，アの∠Dがイの∠Bに，アの∠Bがイの∠Cに対応するということがわかります。

　また，2つの頂点を必要とする辺についても，どの辺とどの辺が対応するかが容易に見えてきます。たとえば，辺ADというのは，アの表記△<u>AD</u>Bだと先頭から2つがADなので，それに対応するイの表記△<u>AB</u>Cも先頭から2つのABをあてればよいことがわかります。そうしてから図を見れば対応する辺どうし誤ることなく確認することができます。

図の向きをそろえる

　冒頭の問題のように，2つの三角形が重なっている場合，対応順がわかりにくいことがあります。その場合には，右の図のように，**2つの相似な三角形の対応する辺が平行になるように向きをそろえて図をかき直す**と，対応する辺の比を誤ることなく確認することができます。

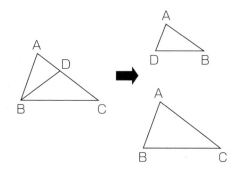

42

 図形　図形と相似

平行線はどこにあるの？

問題 △ABCの∠Aの二等分線と辺BCとの交点をDとすると、
AB：AC＝BD：DC
が成り立ちます。
このことを証明しなさい。

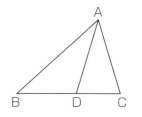

「平行線と線分の比」あるいは「三角形と比」の学習をした後，それを利用して上のような問題に取り組みます。しかし，この問題の図の中のどこにも平行線が見当たらないので，どのように解いていったらよいのか見当がつかない生徒が少なくありません。

このような場合，どのようにしたら手がかりを得て自分で問題を解決していくことができるのでしょうか。

図にわかっている情報をかき入れる

多くの生徒は，与えられた図だけを見て，あれこれと考え，なかなか鉛筆を動かそうとしません。そこで，「**証明するための図と，証明を考えていくための図を別にしよう。そして，証明を考えるための図にはどんどん気がついたことをかき入れよう**」と投げかけ，考えていることを目に見えるようにしていくことを勧めます。

例えば，仮定は青色でかき込み，結論として導き出したいことは赤色でか

き込んでいきます。冒頭の問題では，右の図のようになります。仮定は青色，結論は赤色と分けることによって，間違っても赤色の条件は使ってはいけないという警告にもなります。そして思いついた事柄をこの図にかいていきます。

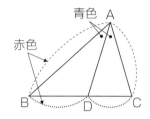

証明に必要な補助線のひき方

この問題では，角の二等分線しか手がかりがありません。そこで次に行うのは，**学習している内容が使えるように線をいくつかかきたしていく**，すなわち，いわゆる補助線をひくことです。これまでに，図形の性質を調べる際に補助線をかき加えて考えたものとしては，主に次のようなものがあります。

2年で「二等辺三角形の2つの底角は等しい」ことを証明する際に，頂角の二等分線をかき加えました。合同な三角形では対応する辺の長さが等しいことがわかっているので，底角が等しいことをいうために，合同な三角形をつくり出そうとして補助線をひいたわけです。

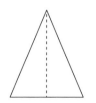

また，平行四辺形の性質を証明する際に，2つの合同な三角形の性質を使えるように対角線をかき加えました。

3年の平行線と線分の比の性質「△ABCで辺AB，AC上に，それぞれ点P，Qがあるとき PQ//BC ならば AP：PB＝AQ：QC である」ことを証明する際にも，相似な三角形の性質が使えるように，点Qを通り辺ABに平行な直線をひき，辺BCとの交点をRとしたわけです。

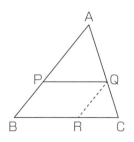

補助線については，このように**学習した内容が使えるように線をいくつかかきたしていくことがポイント**なのです。

補助線をひき，使えそうな図形の性質を見いだす

話を元に戻します。冒頭の問題ですでに学習している図形の性質が使えるように線をかきたしていく方法を考えます。

具体的には，元の図アから∠BAD＝∠CAD が生かせるような平行な線をかきたすことが考えられます。平行線の性質で角度が関係するのは同意角とか錯角が該当します。そのような平行線の引き方は，例えば，

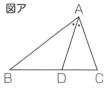

図イ　点CからADと平行な線をひき，辺BAの延長線との交点をEとする。
図ウ　点CからABと平行な線をひき，辺ADの延長線との交点をEとする。
図エ　点BからACと平行な線をひき，辺ADの延長線との交点をEとする。
図オ　点DからACと平行な線をひき，辺ABとの交点をEとする。
図カ　点DからABと平行な線をひき，辺ACとの交点をEとする。

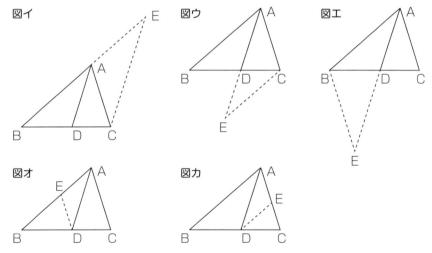

等の補助線が考えられます。

これらは図イ，オ，カのグループと，図ウ，エのグループの2種類に分けられます。図イ，オ，カのグループは平行線と線分の比が使えそうな図です。

図ウ，エは平行線と線分の比の性質は使えません。しかし，図全体をみると，相似な三角形といえそうな図が含まれていることに気がつきます。このように使えそうな図形の性質を見いだす時間が必要です。つまり，**図形の性質を見いだすことと，それを証明することとを分けて考える**のです。教師は前者を軽視してしまいがちなので，注意が必要です。

　この段階では，角の二等分線が有効には使われていません。そこで，**角の二等分線と平行線と角の性質からいえることを図にかき入れます**。これが最初に述べた，「図にわかっている情報をかき入れる」に該当することです。
　ここでは，先に示した図カについて紹介します。
　図カに等しい角をかき込むと右図のようになります。これを見ると，△EADがEA=EDの二等辺三角形になっていることがみえてきます。そうすると，相似な三角形の辺の比AB：AC=DE：EC が，AB：AC=AE：ECとなります。このAE：ECは平行線と線分の比の性質により，AE：EC=BD：DCとなり，結論に至るわけです。

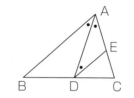

補助線のひき方によって証明方法は異なる

　同じ補助線をひいた図でも，そのひき方によって異なる証明方法になります。例えば，先の図イでは，「辺BAを辺ACと同じ長さだけ延長し，点Eとする。そしてEとCを結ぶ」と解釈してもよいわけです。△ACEが二等辺三角形になるので，ECはADと平行な線になり，平行線と線分の比が使えることになります。
　また，右図に示したような補助線のひき方もできます。時間に余裕があれば，生徒に挑戦をさせたいものです。

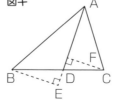

図キ

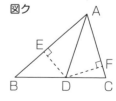

図ク

㊸

図形　図形と相似

線分の比と平行線の性質を
ちゃんと証明しないの？

教科書 線分の比と平行線（三角形と比⑵）
△ABCの辺AB，AC上の点を
それぞれD，Eとするとき，
AD：DB＝AE：EC
ならば，DE∥BC
である。

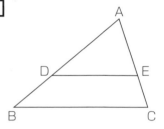

　相似の性質を学習した後，三角形の中に1辺に平行な直線をひき，それによってできる線分の比について次のことがいえることを定理として学習します。
　△ABCで，DE∥BCならば，
① AD：AB＝AE：AC＝DE：BC
② AD：DB＝AE：EC
　これらは相似条件を利用して証明することができます。そして，その後，この定理の逆について学習するのが冒頭の内容です。
　このとき，最初に次のことを証明するのですが，これも相似条件を直接当てはめて証明することができます。
　AD：AB＝AE：AC ならば DE∥BC である…ⓐ
　続いて，冒頭の内容の証明ですが，次のようにする場合があります。
　図で，AD＝8cm，DB＝4cm，AE＝6cm，EC＝3cmとすると，AD：DB＝AE：ECがいえます。このことから，AD：ABとAE：ACは

同じ比になり，AD：AB＝AE：ACとなります。これと⑥から，DE∥BCであることが証明できました。このことから，一般に冒頭の定理がいえることをまとめます。

しかし，これは具体的な数から類推して一般にもいえるとしてまとめているだけであって，きちんと証明はしていません。中学3年の後半ともなると，この部分に疑問を感じる生徒が出てくることがあるわけです。

直接証明する方法

このような疑問を感じる生徒がいたり，**類推するのではなく直接証明する方法を考えたいという生徒がいる場合，証明方法を紹介する**とよいでしょう。

その方法は，以下の通りです。

右図のように，点Cを通り辺BAに平行な直線をひき，直線PQとの交点をRとします。

すると，△APQ∽△CRQがいえます。

相似な図形の性質から，AP：CR＝AQ：CQ，仮定から，AP：PB＝AQ：CQがいえ，この2つからPB＝CRがいえます。

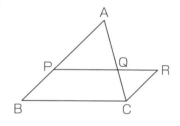

PB∥CRとなるので，四角形PBCRは平行四辺形となり，PQ∥BCがいえます。

この証明方法は，②の証明をするときにも平行四辺形の性質を使っているので，関連づけて説明していくとよいでしょう。

冒頭の定理は，間接証明法（同一法）を使って証明した時代もあったのですが，やや難しいということもあり，教科書では示されなくなりました。そこで，特別な比から類推をして一般に成り立つことを導く手法をとるようになったのです。しかし，これを直接に証明する方法を中学生が発見し，やがてそれが教科書に採用されるようになりました。まだすべての教科書で掲載されているわけではありませんが，教材研究していく価値はあります。

44

図形 | 図形と相似

中点連結定理の問題が
わからない！

問題 四角形 ABCD の 2 辺 AD，BC，対角線 AC，BD の中点をそれぞれ P，Q，R，S とします。このとき，四角形 PSQR は，どんな四角形になりますか。またそのことを証明しなさい。

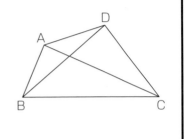

　たくさんの線がひかれた図を見ると，どう考えていったらよいかわからなくなる生徒が多くいます。特に図形が苦手な生徒は，問題文が長かったり様々な条件が出てきたりすると，考える糸口が見つけられず，ただ図を眺めているだけになってしまいます。また，相似の利用問題ともなると，今までに学習してきた図形の性質もたくさんあるので，どの性質を使ったらよいか混乱するということも，考える糸口を見いだせない原因になります。

　さらに，どのような四角形になるのか見つけ出すことは，すぐに結論を求めたがる生徒にとって苦手とする部分でもあります。

　このような生徒に，どうアドバイスしていったらよいのでしょうか。

ものさしや三角定規を使って問題に合う図をかく

　「学問に王道なし」といわれるように，図形の性質を見つけ出す場合にも，地道にあてはまる図を一つ一つかいていくことが近道です。鉛筆を動かさず

にただ図を眺めていても，図形の性質は見つけ出せません。また，**図形の性質を調べながら発見していくことは作図とは違うので**，遠慮なくものさしや三角定規を使うことを勧めたいものです。ていねいに図をかくと，その図が答えを教えてくれることが少なくありません。

問題文の中の用語に注目する

　図形の性質を証明する問題では，**必ず問題文の中にヒントが仕組まれています**。長い問題文であればともかく，普通は簡潔な文が与えられるので，まずは使われている用語をよく読み取ることです。冒頭の問題では，「中点」という用語が使われています。中点ということは，その点で区切られた左右の辺の長さは等しくなっているということです。また，この用語から関連する図形の定理として，「中点連結定理」があります。

　このように，問題文の中の特徴的な用語に注目することも大切です。

結論から逆にたどってみる

　次に，結論から逆向きに考えてみます。いくつもの図形をかいてみると，結論は「四角形 PSQR は平行四辺形である」ということがみえてきます。そこから，「平行四辺形になるためには，どのような条件があればよいか」を思い浮かべることがポイントになってきます。そのことと，先ほどの「中点」から連想できる中点連結定理とを結びつけ，図形を見直していきます。すると，1つの辺が共通する三角形，例えば，AB を共通の辺とする三角形は，△ABC と△ABD で，ともに残りの2辺の中点が含まれています。それぞれの三角形で中点を結んだ辺どうしはともに平行であり，長さが等しいということにつながってくるのです。**仮定の方から考えを進めることと結論の方から逆向きに進めることは，いろいろな証明問題を解決する際によく使われるので，その手法を生徒にしっかり習得させたいものです。**

㊺ 図形　円の性質

証明の場合分けができない！

教科書 円周角の定理

1つの弧に対する円周角の大きさは，その弧に対する中心角の大きさの半分である。

∠APB＝$\frac{1}{2}$∠AOB

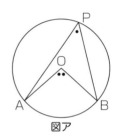

図ア

「円周角の定理を証明する場合，問題文の図について証明すればよいと思っていたけど，他にも証明しなければならない場合が（図イ，図ウ）があると授業で習った。今ま

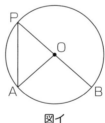

図イ

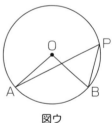

図ウ

で1つの図だけで証明が終わっていたはずなのに，どうしていくつもの図で証明しなければならないのかよくわからない」

このような疑問をもっている生徒は少なくありません。教師が「3つの場合に分けて証明します」と当然のようにいってどんどん証明を進めてしまった結果です。「なぜ突然3つの場合に分けて証明しなければならないことが出てきたのか」「どうして3つであって，他の場合はないのか」，この2点が引っかかり，生徒は前に進むことができません。

思いつきでかいた図を整理する

　３つの場合に分けるというのは，必要性があってはじめて考えることであって，いきなり３つの場合が必要であるということはわかりません。したがって，**同じ弧に対する円周角をいくつもかいて経験し，そこから考えていくことが必要**です。

　思いつくままに円周角をかいているうちに，それらの図は下に示したように，点Ｐが点Ａから点Ｂまで，円周上を動く範囲の中に必ず入っているということに気がつきます。気がつかない場合は，そのような見方を指導していくとよいでしょう。

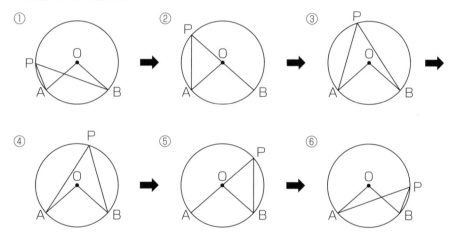

変わる中で変わらないものを探す

　①から⑥は，点Ｐが移動してできた図の主なものを並べたものです。ここで，これらの図について**点Ｐが動いていっても変わらないものを学級全体で見つけ出します**。

すべての図について共通していることを見つけ出すことは大変なので，見つけ出しやすい③から④までの図に絞って考えさせます。主に出てくるのは次のことです。学級の状況によっては，6つの図について検討させてもかまいません。

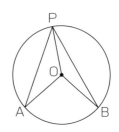

・中心Oと円周上の点Pを結ぶと，△OPAと△OPBはともに二等辺三角形になっている。
・円周角∠APBの内部に円の中心Oが入っている。

同じ図の仲間といえるか検討し，分類・整理する

ある程度共通していることを見つけ出せたら，それを他の①から⑥までの図についても調べ，分類・整理していきます。ここは**できるだけ生徒が中心となって検討できるような雰囲気をつくることが大切**です。

もちろん，すんなりまとまるわけではないので，様々な意見を取りまとめていくことによって，徐々に次のような内容に集約できればよいでしょう。

> (1) ①から⑥のどの図についても，△OPAと△OPBは二等辺三角形になっている。
> (2) 円周角∠APBと円の中心Oの位置関係に着目して以下のように整理できる。
> 　ア　中心Oが円周角∠APBの内部にある場合
> 　イ　中心Oが円周角∠APBの辺上にある場合
> 　ウ　中心Oが円周角∠APBの外部にある場合

これによって円周角の定理を3つの場合に分けて証明することの道筋がついたことになります。

次に，具体的な証明に入っていくわけですが，実はこのようなまとめが大

いに役立ってくるわけです。(1)は「同じ弧の上にある円周角は中心角の半分である」ことを証明するうえで大事な性質になっており，強調しておく必要があります。また，(2)は３つの場合のそれぞれについて証明をしていかなくてはならないことを示しています。

境界を含めて３つの場合に分ける

　分類し，場合分けによって図形の性質を調べることは，円周角の定理がはじめてというわけではありません。今までにもやってきています。そんな例を振り返ってみましょう。

　２年で n 角形の内角の和の求める学習をしました。n 角形を三角形に分けて求めたのですが，いろいろな分け方がありました。n 角形の内部の点を利用する，n 角形の辺上の点を利用する，n 角形の外部の点を利用する，といった具合です。ここで着目すべきは，内部の点，辺（境界線）上の点，そして外部の点，という３つの場合に分けられたということです。

　また，三角形を分類するときに，三角形の内角の大きさに着目すると，鋭角三角形，直角三角形，鈍角三角形のように，直角を境にして３つの場合に分けることができました。

　これらの共通点は，境界を中心として，内と外，あるいは大と小のように３つに分けているということです。

　このように，ほとんどが３つに分けることができ，２つに分けることができる場合はあまりありません。大きい，小さいの２つに分けることができるといっても等しい場合があり，内と外といっても境界があるからです。

　その他にも，場合分けをするときに，**境界を含めて３つの場合に分けられることをその都度強調しておけば，この円周角の定理でも同じように考えることができ，戸惑いは減る**ことになるでしょう。３年間の指導内容を関連づけてみていくことが大切になってくるわけです。

46

図形　円の性質

円周角の定理の「逆」ってどういうこと？

> **教科書** **円周角の定理の逆**
> 2点P，Qが直線ABについて同じ側にあって，
> ∠APB＝∠AQBならば，
> 4点A，B，P，Qは同じ円周上にある。

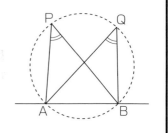

　上の文章を読むだけで，生徒が円周角の定理の逆について理解することはなかなか難しいと思います。

　そもそも，2年のときに「逆」については学んでいますが，そのときの内容は，命題の仮定と結論を入れかえた命題として理解しています。

　例えば，「二等辺三角形の2つの底角は等しい」という命題を，記号を使って表すと次のようになります。

①△ABCで，AB＝ACならば，∠B＝∠Cである。

　この命題の仮定と結論を入れかえた命題は，

②△ABCで，∠B＝∠Cならば，AB＝ACである。

となり，①と②のような関係にあるとき一方を他方の逆と学習します。

　ところが，すべての命題でこのように仮定と結論を入れかえれば逆がいえるとは限りません。その1つの例が，円周角の定理の逆です。円周角の定理は，次のように2つの内容があります。

1　1つの弧に対する円周角の大きさは，その弧に対する中心角の大きさの

半分である。
2　同じ弧に対する円周角の大きさは等しい。

　この2つの命題を1つに書くこともできますが，そうするとなおさら逆の命題をつくりにくくなってしまいます。冒頭の内容は2の命題を指していますが，これでも仮定と結論に分けることは難しいといわざるを得ません。

逆の命題であることがわかりやすい表現にする

　2の命題をみてみましょう。円があって，その中の1つの弧に対する円周角の大きさが等しいということから，次のように言い直すことができます。
　1つの円周上に3点をとり，円周角をつくります。そのうち弦にあたる2点を結ぶ線分を基にして，<u>残りの点と同じ側の円周上に他の点をとるとき</u>，その弦に対する円周角ができます。<u>他の点をとってできた円周角ははじめの円周角と等しい</u>ことになります。
　少し長いですが，このように解釈できれば，仮定の部分と結論の部分を入れかえることができ，下のようにまとめることができます。

> **円周角の定理の逆**
> 円周上に3点A，B，Cがあって，点Pが
> 直線ABについて点Cと同じ側にあるとき，
> ∠APB＝∠ACB ならば，
> 点Pはこの円の $\overparen{ACB}$ 上にある。

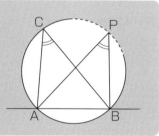

　しかし，このままでは生徒にとって使いにくいために，内容を変えずに整えたものが最初に示した命題になるわけです。
　一般に，命題の逆といっても，単純に仮定と結論を入れかえればできるというものはそれほど多くありません。**義務教育の段階では逆の命題について一つ一つていねいに説明していくことが必要**です。

図形　円の性質

円の接線って，定規をずらしていってひいちゃダメなの？

問題 円Oとこの円の外部の点Aがあります。
点Aを通る円Oの接線を作図しなさい。

この問題を見て，どうしてこれが問題になるのか不思議に思う生徒が必ずいます。というのは，次のようにすれば接線がひけるからです。

右図のように，点Aを通るように定規をあてます。次に，定規を点Aの位置で固定し，定規の右端をずらしていって，円に触れたところで直線をひけば，それが円Oへの接線になります。

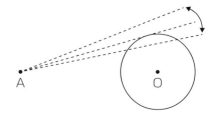

このように考える生徒に，どうしたら正しい作図方法を理解させることができるでしょうか。

問題を明確化して，話し合う

このように多くの生徒が同じような誤りをしてしまう問題については，教師主導で解説をしていくのではなくて，「**同じように考えた人はどのくらいいるかな？**」と生徒に聞き，一人だけではないことを生徒に確認させます。

このことによって、「このように考えたのは自分だけではないんだ」とある種の安心感をもたせると同時に、そこから「では、どのようにしたらよいのだろうか」と、問題を明確化することができるからです。そして、生徒どうしで話し合う環境が整っていくことによっていろいろな意見が出され、解決へと歩んでいくことになります。

話し合いのポイントは、定規をずらしていって円に触れたところとするのでは、円周のどの点で接するのか特定していることにはならない、ということです。「この場所で接する」と明確に示せるようにすることが大切です。

逆向きに考える

この作図問題は、どこから手をつけていったらよいかわかりにくい問題です。しかし、作図問題を解決していく際、大きな方向性があります。それは、「結論がいえたとすれば」というところを起点に、そのためにはどのようなことができていればよいか、と「逆向きに考える」ことです。

つまり、点Aから円Oに接線がひけたとして、概略図をかいてみると、右図のように、AP⊥POということがみえてきます。ということは∠APO＝90°でなければならないことがわかり、このことから接点

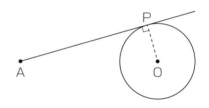

PはAOを直径とする円周上にあるということが導き出されるのです。作図することによって、円の下側にも接点があることがわかります。

「逆向きに考える」ことは作図に限って使われる方法ではありません。問題を解決するための重要な見方・考え方の1つです。すでにわかっていることと結びつけていくことによって、問題を解決することができます。このような考え方はこれまでも紹介してきましたが、いつでも頭のどこかに入れておくことによって、**問題解決だけでなく自分から問題を見つけ出すことにも力を発揮することになります。**

図形　三平方の定理

「逆」の証明が
なんだかスッキリしない…

教科書 三平方の定理の逆
△ABCで，
BC=a, CA=b, AB=c
とするとき，次のことがいえる。
$a^2+b^2=c^2$ ならば，∠C=90°

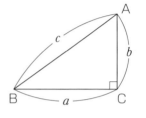

　三平方の定理を学習した後，すぐにその逆の定理について学習します。三平方の定理は下の内容ですが，逆の定理は，元の定理の仮定の部分と結論の部分が入れかわっているだけなので，その内容そのものを難しいと感じる生徒は少ないと思います。

三平方の定理
△ABCで，
BC=a, CA=b, AB=c
とするとき，次のことがいえる。
∠C=90° ならば，$a^2+b^2=c^2$

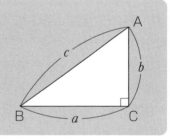

　しかし，その証明については，生徒の多くが「何だか証明をした気がしない」「これで本当に証明したことになるの？」などという声が上がり，キツネにつままれたような，なかなか納得しがたいような気分になります。

今までの証明との違いを押さえる

まず,三平方の定理の逆の証明をみてみましょう。

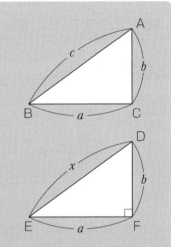

△ABC に対して,別の△DEF をかく。
その条件は,EF=a,FD=b,∠F=90°
とし,DE=x とする。
△DEF で,三平方の定理により,
$a^2 + b^2 = x^2$ …①
△ABC で,最初に仮定したことより,
$a^2 + b^2 = c^2$ …②
①,②より,$x^2 = c^2$
$x>0$,$c>0$ だから,$x=c$
これにより,△ABC と△DEF は
3 組の辺がそれぞれ等しいので,
△ABC≡△DEF
合同な図形は対応する角が等しいから,∠C=∠F=90°
つまり,∠C=90°である。

この証明のポイントは,次の 2 点です。
・△ABC で「∠C=90°」は仮定に含まれていない。
・△ABC とは別に直角三角形△DEF をかき,2 つの三角形を比較検討したら合同である。

上で示した証明では,個々の細かいことに注意をしながら話が進んでいるので,まず大まかに上の 2 点について確認し,あるいは確認しながら証明をみていくとよいでしょう。

教師の説明中心の授業は批判されがちですが,ここは**教師が説明の手際の**

よさをしっかりみせていくべき場面です。

　それでも，疑問に感じる生徒は出てくるものです。そこで，今までの証明とこの証明の違いを伝えることが次に大事になってきます。そうすると，証明そのものに興味をもつ生徒も出てくることでしょう。「中学生には難し過ぎるから…」と，**はじめから避けて通るのではなく，できる限りわかりやすい説明の仕方を工夫し，間接証明法を紹介していくとよい**でしょう。

主な間接証明法

　今まで生徒が学習してきた証明方法は，直接証明法でした。

　直接証明法というのは，仮定から出発して順次論証を進めていき，結論に達する方法です。

　このような直接証明法で証明することが困難な場合に，間接証明法を用いることがあります。間接証明法とは，与えられた命題以外の真偽を調べ，それによって，間接的に元の命題の真偽を調べる方法です。間接証明法には，主として「背理法」「転換法」「同一法」があり，およそ次のようなものです。**中学校数学の指導範囲でもこれらが使われる場面，あるいは使うと効果的な場面がある**ので，適切な場所で指導してみることをおすすめします。

> **背理法**
> 　調べる命題 A を，もし「A でない」とすると，はじめに仮定したこととか，すでにわかっていることとかと矛盾することを示し，A でなければならないことを断定する方法です。例えば，$\sqrt{2}$ は有理数ではないということを明らかにするのに，次の方法があります。
>
> 　$\sqrt{2}$ は有理数であるとすると，既約分数に表すことができる。